W0406495

KÖSTLICHES
UNGARN

CHRISTOPH WAGNER

KÖSTLICHES UNGARN

EIN KULINARISCHER REISEFÜHRER
VON DER PUSZTA BIS ZUM PLATTENSEE

PICHLER VERLAG

ISBN 3-85431-332-2
© 2004 by Pichler Verlag
in der Styria Pichler Verlag GmbH & Co KG, Wien
Alle Rechte vorbehalten
Pichler Verlag im Internet: www.styriapichler.at

Umschlag- und Buchgestaltung: Bruno Wegscheider
Lektorat: Barbara Sternthal

Reproduktion: Pixelstorm, Wien
Druck und Bindung: Mladinska knjiga tiskarna, Ljubljana
Gedruckt auf Magnosatin von **sappi**

Inhalt

Im Land der essbaren LEGENDEN

Ein kleiner
Einführungskurs
in die ungarische Art
zu genießen

„Nimm eine Küche, deren Urgroßvater kaukasisch, Urgroßmutter italienisch, Großvater türkisch, Schwager österreichisch und Onkel französisch sind. Suche dazu ein Volk, das einen guten Geschmack und Lust und Sinne für das Kochen hat. Hast du das alles zusammen, darfst du nicht vergessen, wie sehr alles von der Präsentation abhängt. Nimm deswegen eine hübsche, gemütliche Csárda und hänge über den Eingang ein schönes, altes Schild. Dann schneide mit einem scharfen Messer aus dem Bewusstsein deiner Gäste alles aus, was mit der schnellen, modernen Außenwelt und mit deren Problemen zusammenhängt. Die größten Dinge, Freuden, Freundschaften und Frieden entstehen am leichtesten am gedeckten Tisch."

Károly Gundel

Es begann mit einem Entenei

Woher stammen die Ungarn?

So ganz genau weiß das niemand. Es steht nur soviel fest: Sie waren ursprünglich ein nicht wirklich friedliches Reitervolk, das schon Jahrhunderte vor Christi Geburt im Ural bekannt war und sich allmählich vom nomadischen Leben auf eines in Sesshaftigkeit umstellte und dabei immer gastfreundlicher wurde. Dass die Ungarn schon in frühen Zeiten gerne gut gegessen haben, lässt sich erahnen, wenn man in einem ihrer ältesten Epen, der finno-ugrischen „Kalevala" nachliest, einer Schöpfungsgeschichte, die die Entstehung des Kosmos auf das Ei einer Wildente zurückführt. Dass die Ente in der ungarischen Küche eine überragende Rolle spielt (und auch so manchem Restaurant ihren Namen gegeben hat), ist vor diesem Hintergrund nur allzu verständlich.

Die Küche der reitenden Hirten

Aber nicht nur die Ente, auch andere ungarische Speisen sind Reminiszenzen an längst vergangene Epochen. Aus ihrer Nomadenzeit haben die Ungarn etwa die Sitte in die Gegenwart gerettet, gemahlenes Getreide mit Wasser und Eiern zu verkneten, den Teig durch ein Reibeisen zu streichen und die so entstandenen „Reibgersteln" – auf ungarisch heute noch *Tarhonya* genannt – an der Sonne zu trocknen. Danach wurden die Körner in Säcke abgefüllt, an den Sattelknopf gebunden und bei Bedarf in heißem Wasser gekocht.

Schon bald erkannten Reiter und Hirten, dass die so gekochte „Nudelsuppe" zwar nahrhaft war, aber, selbst wenn man sie salzte, nur wenig Geschmack hatte. Daher kamen sie auf die Idee, nicht nur Teigwaren, sondern auch faustgroße Stücke vom Schlachtvieh an der Sonne zu trocknen und führten diese in einem zweiten Sack mit sich. (Möglicherweise geht auch jene Legende, nach der die Hunnen ihr Fleisch „weich ritten", auf diese Gewohnheit zurück.) Wenn dann nach Einbruch der Dunkelheit der Kessel mit der Tarhonyasuppe über offenem Feuer aufgesetzt wurde, gab jeder ein Stückchen seines Vorrats an Trockenfleisch ab, und der Urahn des *Bográcsgulyás* – des ungarischen Kesselgulaschs – war geboren. Der heute unvermeidliche Paprika kam erst viel später, nämlich zu Beginn des 19. Jahrhunderts, ins Gulyás. In den Jahrhunderten zuvor wurde einfach mit schwarzem Pfeffer gewürzt.

Klassische Ikonographie der Puszta: ein Ziehbrunnen, Mangaliczaschweine und ein Hirte. Zeichnung von Árpád Feszty für das „Kronprinzenwerk“.

Adelsstand für Köche

Die Geschichte der neueren ungarischen Küche beginnt mit der Christianisierung des Landes. Sie erfolgte unter dem aus dem legendären Árpáden-Geschlecht hervorgegangenen und zu Weihnachten des Jahres 1000 gekrönten König Stephan dem Heiligen. Stephan war nämlich bereits in jungen Jahren ein weltoffener und weitblickender Mensch, der sich intensiv um Kontakte mit den Zentren der abendländischen Zivilisation zwischen Venedig und Byzanz bemühte – und daher auch mit deren jeweiliger Küche Bekanntschaft schloss.

An Grundprodukten, um die internationalen Erfahrungen in die heimische Küche einfließen zu lassen, herrschte in Ungarn kein Mangel. Im Mittelalter war ganz Ungarn – sogar die heute so gut wie baumlose Steppe der Großen Ungarischen Tiefebene – noch größtenteils mit Wald bedeckt, wodurch der Grundstein zur heute noch hoch gerühmten ungarischen Wildküche gelegt wurde. Deren Vielfalt reichte einst von Hasel- und Birkhuhn über Krammetsvogel bis Zobel, und glasklare Gewässer sorgten für exzellente Fischqualitäten vom Zander über den Stör und Hecht (von dem vor allem die Leber als Delikatesse galt) bis hin zu Karausche und Süßwasserkrebsen, die geradezu zu einem Leitmotiv der ungarischen Küche wurden: Die heilige Margarethe, die Tochter König Bélas IV., soll sogar in der Lage gewesen sein, eine Hand voll Krebse aus dem kochenden Wasser zu heben, ohne dass dabei auf ihren Armen auch nur die geringsten Brandblasen zurückgeblieben wären.

Trotz ihres Wild- und Fischreichtums blieben die Ungarn allerdings weiterhin ein Volk der Rinderhirten und Viehzüchter – was die bis heute ungebrochene Beliebtheit von Schlachtfesten sowie Ochsen- und Spanferkelbraten erklärt.

Die ungarischen Könige lernten bei ihren westeuropäischen Vorbildern unter anderem auch, wie wichtig es war, gut zu seinen Hofköchen zu sein. Erzsébet Szilágyi, die Mutter des großen Mátyás Hunyadi – in die Geschichte eingegangen als Matthias Corvinus –, der 1458 ein neues Königsgeschlecht begründete, ließ ihre Leibköche sogar von der weltlichen Rechtssprechung befreien und ausschließlich der königlichen Schirmherrschaft unterstellen. Manche Köchedynastien wurden sogar in den erblichen Adelsstand erhoben und mit „Mundkochwappen" ausgezeichnet. Bis heute verdanken Orte wie etwa Zakách (Koch) oder Nagyszakácsi (Großkoch) ihren Namen den dort angesiedelten Großmeistern des kulinarischen Handwerks.

Man sieht sie nicht mehr so häufig, auch wenn sie nach wie vor zu vielen Anlässen mit Stolz getragen werden: Trachten.

In Nagyszakácsi ist man sich der damit verbundenen Verantwortung bis heute bewusst.

Ursprünglich hieß die Siedlung sogar Királyszakács (Königskoch), ein Name, der im Laufe der Zeit jedoch antiroyalistischen Stimmungen zum Opfer fiel. Heute regiert hier jedenfalls, zumindest einmal im Jahr, wieder die Aristokratie der ungarischen Meisterköche: Alljährlich schreibt der Heimatverein Nagyszakácsi nämlich seit 1993 wieder einen „Königlichen Kochwettbewerb" zur Erinnerung an die Meister der königlichen Festtafel aus. Hier treffen einander die besten Köche Ungarns, um auch in republikanischen Zeiten wieder den Ehrentitel „Königlicher Koch" zu erwerben.

Die Wettbewerbsregeln sind streng: Auch die neuen „Königlichen Gerichte" dürfen nur im Backofen mit Garungstechniken und Zutaten zubereitet werden, die bereits in der Renaissance bekannt waren. Augenfälligstes Manko: Der in Ungarn heute allgegenwärtige Paprika fällt aus. Als kleinen Ausgleich dafür hat der Verband ungari-

Ziehbrunnen in der Puszta hatten offenbar durchaus auch eine kommunikative Funktion. Genrebild aus dem Alföld von Paul Vágó.

scher Gastronomen an dieser symbolträchtigen Stätte ein altes Herrenhaus in ein sehenswertes Kochmuseum (8739 Nagyszakácsi, Kossuth utca 153) umgebaut.

Als Neapel nach Ungarn kam

Auch der „Märchenkönig" Matthias Corvinus Hunyadi kannte ursprünglich keinen Paprika. Doch durch seine zweite Vermählung hauchte er der ungarischen Küche eine bis heute (nicht zuletzt an den Farben der ungarischen Flagge) unverkennbare Prise Italianità ein: Seine Angetraute, Prinzessin Beatrix von Neapel-Aragonien, brachte zur Hochzeit im Jahr 1476 nämlich nicht nur ein Originalexemplar des 1474 erstmals herausgegebenen römischen Kochbuchs des Bartolomeo Sacchi di Piadena als „Aussteuer" in die Ehe ein, sondern hatte auch jede

Menge italienischer Meisterköche im Gefolge. Diese unterstellte sie freilich ihrem ungarischen Leibkoch, dem legendären Küchenmeister Pál, den sie für seine Dienste mit großzügigen 83 Goldgulden pro Jahr entlohnte.
Dank Beatrix, einer Art „ungarischer Katharina de' Medici", lernte man am ungarischen Hof sehr bald neapolitanische Gerichte wie den berühmten geschmorten Aal oder das in Venedig damals besonders fashionable vergoldete Backwerk kennen. Aus der Lagunenstadt stieß schließlich auch ein Zuckerbäcker zur königlichen Küchenbrigade, der Beatrix als Einstandsgeschenk ein Schachbrett aus „Marci panis", dem heute als Marzipan bekannten „Brot des hl. Markus" verehrte. Eine kleine Geste, die mittlerweile als Geburtsstunde der ungarischen Konditorkunst gerühmt wird.
Ihrem Gemahl Matthias brachte Beatrix ganz nebenbei eine unstillbare Liebe zu italienischen Feigen nahe, die sich für diesen allerdings als ziemlich verhängnisvoll erweisen sollte: Die Herzattacke, der Matthias Corvinus 1490 bei einem Besuch am Wiener Hof zum Opfer fiel, soll nämlich in Wahrheit auf den Genuss vergifteter Feigen zurückzuführen sein.

„Zigeunerkapelle in einer Restauration in Budapest" – damals wie heute charmante Begleitung eines Abends „à l'hongroise". Zeichnung von Árpád Feszty.

Des Sultans Strudel

Die goldene Ära der Hunyadi-Könige sollte leider nicht allzu lange anhalten. Schon Matthias Corvinus' Sohn Johannes wurde von den ungarischen Magnatengeschlechtern der Zutritt zum Thron verwehrt, und nach einer kurzen Herrschaft der Böhmenkönige fielen weite Teile Ungarns nach der blutigen Schlacht von Mohács im Jahr 1526 für anderthalb Jahrhunderte unter türkische Herrschaft. Auch diese hatte allerdings – rein kulinarisch betrachtet – ihre Vorzüge. Unter Sultan Suleiman II. wurden im Ungarn beispielsweise jene viel gerühmten Strudelspezialitäten populär, die später auch in der Wiener Küche gloriosen Einzug hielten. Außerdem bereicherten damals Spieße, Reisgerichte und mit Fleisch gefüllte Gemüse das Repertoire der typisch ungarischen Küche.

Eine der drei besten Küchen der Welt

Zwischen dem Reich der türkischen Eroberer und dem heutigen Ungarn lag vor allem das legendäre alte Chasarenreich der Szekler, das – auch Transsilvanien oder von

Um 1906 in der Küche von Schloss Eszterháza.

der dortigen deutschen Minderheit Siebenbürgen genannt – heute zu Rumänien gehört, aber immer noch als Hochburg der wahren ungarischen Küche gilt. Egon Ronay, Englands bedeutendster Restaurantkritiker und Herausgeber des berühmten „Ronay-Guide“, verstieg sich sogar einmal zu dem Satz, dass die transsilvanische Küche neben der französischen und der chinesischen eine der drei besten der Welt sei, da sie am Schnittpunkt der asiatischen und europäischen Kochtraditionen von Ungarn, Rumänen, Armeniern, Juden, Sachsen und Türken geprägt wurde und daher eine unverwechselbare Eigenart entwickelt habe. Fest steht jedenfalls, dass die ungarische Küche der transsilvanischen eine Vielzahl von Einflüssen, darunter ihre (im Westen kaum wirklich bekannte) Liebe zu seltenen Kräutern, selbst angesetzten Essigen, exotischen Gewürzkomponenten oder Spezialitäten wie sauren Suppen *(csorba),* vergorener Weizenkleie *(cibere),* saftig-sämigen Schmorgerichten *(tokány)* und mit Weißwein und Obers zubereiteten Ragouts *(vetrece)* verdankt.

Warum man mit einem Ungarn nicht über Kolschitzky streiten sollte

Nach den Türken kamen die Habsburger – und mit ihnen die Gewohnheit, in ungarischen Adelshäusern nicht mehr ungarisch, sondern deutsch und französisch zu sprechen. Dieser Epoche verdankt die ungarische Küche nicht nur manchen frankophilen Einfluss, der sich später auch in der Küche des Budapester Stargastronomen Károly Gundel wieder findet, sondern auch zahlreiche Diskussionen, ob denn nun die österreichische Küche ein Derivat der ungarischen sei oder ob es sich womöglich umgekehrt verhalte.

Schlaraffenland damals wie heute: die große Budapester Markthalle auf dem Rákóczi tér um 1900.

Von der Erfindung des Backhendls bis zu jener des Kaffeehauses beanspruchen ungarische Küchenpatrioten allerlei für sich, was in Wien längst als „typisch wienerisch" vereinnahmt wurde. In Ungarn wird die populäre Legende des aus Polen stammenden Kaffeehausgründers Kolschitzky, der sich nach der Zweiten Türkenbelagerung von Kaiser Leopold die Erlaubnis erbat, mit den von den Belagerern zurückgelassenen Kaffeesäcken das erste Kaffeehaus der Welt zu eröffnen, jedoch ganz anders erzählt. Hinter dem versatilen Kolschitzky, so der ungarische Kulturhistoriker Béla Mozsáry, verberge sich in Wahrheit ein Ungar namens Djuro Kolcsics, der in Wien mit türkischen Waren aus den besetzten Gebieten Ungarns handelte und seinen Namen später in Goldschütz änderte. Mit dem Hinweis darauf, dass das Beuteinventar im Archiv der kaiserlichen Armee damals keinen einzigen Sack Kaffee verzeichnete, verweist Mozsáry die Wiener Lesart vollends ins Reich der Legende und schreibt die wahre Kaffeehausgründung einem zum Christentum konvertierten türkischen Gefangenen namens Demetrius Domosy zu. Der nämlich soll den Namen seines ungarischen Regimentskommandanten angenommen und 1668 erstmals zwanzig Pfund Kaffee von Ungarn nach Wien eingeführt haben.

Wie dem auch sei – um die Beziehungen zwischen Ungarn und den „Kaffee schlürfenden Wiener Bürgern" war es trotz oder wegen der unmittelbaren Nachbarschaft nicht immer zum Besten bestellt, und viele Ungarn hegen bis heute den Verdacht, von den Österreichern nicht nur um Schätze wie das Gold von Nagyszentmiklós oder die berühmte Nádasdy-Bibliothek, sondern auch um so manche kulinarische Kulturgüter betrogen worden zu sein.

Budapester Kaffeehauskultur: das Café Central um 1910.

Doppeladler mit Messer und Gabel

Dass das österreichisch-ungarische Verhältnis dennoch nicht nachhaltig getrübt wurde, ist vor allem den insgesamt recht guten Erfahrungen zu verdanken, welche die Ungarn mit der Doppelmonarchie – und da insbesondere mit Kaiserin Elisabeth – machten, der viele, vor allem ältere Ungarinnen und Ungarn, bis heute große Hochachtung, um nicht zu sagen Liebe entgegenbringen.

Die große gastronomische Epoche von Gellért, Gundel, Gerbeaud & Co., die in den ersten beiden Jahrzehnten des 20. Jahrhunderts über das Land hereinbrach, darf jedoch nicht darüber hinwegtäuschen, dass das ungarische „Schlaraffenland" noch aus der Magnatenzeit zahlreiche soziale und ökonomische Probleme mitschleppte und zunehmend noch ernstere aufgebürdet bekam: Zu Beginn des 20. Jahrhunderts zählte Ungarn vier Millionen landlose Bauern, und zwei Millionen Ungarn kehrten ihrer Heimat damals – meist in Richtung USA – den Rücken. Seit die „Großmacht Ungarn" nach dem am 4. Juni 1920 unterzeichneten Friedensvertrag von Trianon auch noch das Kernstück Transsilvanien verlor und gerade rund dreißig Prozent ihres ehemaligen Territoriums sowie vierzig Prozent seiner Bevölkerung behalten durfte, verblieb nur noch ein Rumpf-Ungarn, dessen nationales Selbstbewusstsein zwar immer noch durchaus ausgeprägt ist, damals aber doch starke Risse erhielt.

Zwischen Sozialismus und Mullatschag

Am kulinarischen Selbstbewusstsein nagte nach 1948 vor allem das kommunistische System, für welches der Gastwirt, wie Károly Unger und Margit Kurunczi in ihrer „Geschichte der ungarischen Gastronomie" schreiben, „ein Symbol des einstigen Ausbeuters" und der Kellner der Prototyp des ausgebeuteten, „auf Trinkgeld wartenden Lakais" war. Erklärtes Ziel der Planwirtschaft war es daher, den klassischen Kochberuf durch systematische Errichtung von zentralen Speisefabriken mit Küchenarbeitern allmählich überflüssig zu machen.

Seit der „samtenen Revolution" des Jahres 1989 bemüht sich Ungarns Gastronomie jedoch wieder mit zunehmendem Erfolg, an die „alten Verhältnisse" anzuknüpfen.

Der Westeuropäer, der heute nach Ungarn kommt, um hier zu speisen, muss freilich auch einige Eigenarten zur Kenntnis nehmen, ohne deren Akzeptanz es ihm nur selten gelingen wird, nach einem ungarischen Mahl nach westeuropäischen Maßstäben völlig zufrieden zu sein. Zunächst einmal ist für Ungarns Köche (die gerade in Budapest zusehends boomende Zeitgeist- und Szenegastronomie ausgenommen) nach wie vor ein gewisser Horror vacui, eine Angst vor der Leere, charakteristisch. Die meisten ungarischen Köchinnen und Köche finden es einfach moralisch nicht in Ordnung, wenn bei einem Gericht irgendwo das Weiß des Tellers durchscheint. Leere Flecken mit Zweitklassigem anzufüllen, dünkt ihnen immer noch das kleinere Übel als sie freizuhalten. Vielleicht schwingt da auch noch die mittelalterliche Budapester Rechtssprechung mit, die verlangte, betrügerische Köche in Säcke eingenäht in die Donau zu werfen. Vielleicht liegt es aber auch daran, dass Ungarn, allen EU-Bestrebungen zum Trotz, immer noch einen hohen Bevölkerungsanteil mit relativ niedrigem Lebensstandard aufweist und man es angesichts dieser Situation für geradezu anrüchig hält, jemand, der für sein Essen gutes Geld bezahlt hat, könnte das Lokal nicht völlig gesättigt, oder, Gott möge verhüten, womöglich mit hungrigem Magen verlassen. Völlegefühl ist für die hedonistischen Ungarn jedoch niemals ein wirkliches Problem. Schließlich haben sie ein probates Mittel dagegen: Sie trinken zum Abschluss einfach jenen wohlschmeckenden Kräuterbitter, den ein gewisser Dr. Zwack schon 1790 für Kaiser Joseph II. destillierte. „Das ist in der Tat ein Unicum", soll der begeisterte Kaiser damals ausgerufen haben, weswegen der klassische ungarische Digestif, der von Péter Zwack, einem späten Nachkommen des k.k. Hofarztes, in Budapest gebrannt wird, bis heute „Unicum" heißt.

Rechte Seite: Szeged(in)er Fischsuppe (Halászlé). Rezept Seite 143.

DIE WICHTIGSTEN KLASSISCHEN UNGARISCHEN GARNITUREN

Bajaer Art:	*paprizierte Fischsuppe aus Karpfen und Kleinfischen (ohne Zander) mit Streichholznudeln*
Bakonyer Art:	*Speck, Zwiebel, Pilze, Tomaten, Paprikaschoten, Süß- und Sauerrahm (Fleisch, Fisch, Palatschinken)*
Csongráder Art:	*Netzbraten von der Schweinslende, mit Käse-Schinkensauce überbackene Gemüse*
Debrecziner Art:	*Sauerkraut, Reis, Schweinebauch, Speck, Schinken, Ei, Würste, Dillrahm (Eintopf)*
Dorozsmaer Art:	*Speck, Zwiebel, Pilze, Paprikaschoten, Tomaten, Fleckennudeln mit Sauerrahm (Fisch)*
Gyergyóer Art:	*Lauch, Hirse, Weizenkleie, Rahm-Oberssauce (Lamm)*
Gundel-Art:	*Kartoffelpüreesockel, Blattspinat, gratinierte Käsesauce (Fisch, vor allem Zander)*
Hunyadi-Art:	*Makkaroni, Schinken, Paprika, Tomatensauce (Fleischrouladen)*
Kecskeméter Art:	*Marillen(Aprikosen)torte mit Vanillecreme*
Keszthelyer Art:	*Weißweinsauce, helle Paprikaschoten, geschmolzene Tomaten, Wiesenchampignons (Fisch)*
Radványi-Art:	*Käsekruste, Rotweinbirnen mit Preiselbeerfülle (Geflügel und Wildgeflügel)*
Raizenart (serbisch):	*Räucherspeck, Tomaten, Paprikaschoten, Zwiebel, Kartoffelscheiben, Rosenpaprika, Sauerrahm (Karpfen)*
Rákóczi-Art:	*Eier-Pilzfülle, Zwiebel-Paprikasauce (Kalbfleisch)*
Szabolcser Art:	*Äpfel, geschroteter Pfeffer, Cognac, Obers, Fleischextrakt (Wild)*
Szegediner Art:	*Wurzelwerk, Paprikaschoten, Tomaten, Kartoffeln, Zwiebel (Fleisch, Geflügel, Fisch)*
Székelyudvarhelyer Art:	*Innereien, Speck, Weißweinsauce, Paprika, Polentaknödel (Spanferkel)*
Szekler Art:	*Sauerkraut, Paprika, Sauerrahm (Schweinefleisch, Geflügel)*
Szekszárder Art:	*ausgelöster Süßwasserfisch mit Semmelfülle und Pilz-Obers-Sauce*
Újházy-Art:	*kräftige Suppe von Huhn oder Hahn mit Wurzelgemüse, Paprikaschoten, Ingwer, Safran und Fadennudeln; ist eng mit der vor allem bei Hochzeiten gereichten jüdischen „Goldsip“ oder „Goldenen Jouch“ verwandt.*
Vecséser Art:	*bunte Bohnen, Sauerkraut, Räucherwurst, Paprika, Sauerrahm (Räucherfleisch)*

Gibt es eine „neue ungarische Küche“?

Freilich haben die Modernisierungstendenzen, die überall in Europa von Barcelona über Mailand bis London, Paris, Zürich, München und Wien spürbar sind, auch vor Ungarn und insbesondere vor Budapest nicht Halt gemacht. Längst gibt es auch hier viele chice Lokale mit chicem Design und Zeitgeistküche, und Ungarn hat sogar seinen Jamie Oliver – allerdings in Gestalt der noch wesentlich charmanteren, hübscheren und mediterranen Aromen gegenüber besonders aufgeschlossenen TV-Köchin Judit Stahl.

Die ungarische Küche versteht sich – solchen urbanen Modernisierungstendenzen zum Trotz – jedoch immer noch in erster Line als Schlemmerküche. Es ist gewiss auch kein Zufall, dass das Wort Mullatschag vom ungarischen *mulatni* abgeleitet wurde, das schlicht und einfach „feiern und trinken“ bedeutet. Und wenn die Ungarn ihren Gästen mit den Worten „Jó étvágyat!“ einen gesegneten Appetit wünschen, so meinen sie das meist auch wirklich wörtlich.

Im Restaurant Gundel muss mit Sicherheit keine Naschkatze darben.

Nicht nur vom Koch, auch vom Genießer wird in Ungarn jedoch einiges verlangt. Zum Beispiel, dass er die Fähigkeit besitzt, die Qualität eines Produkts oder einer Sauce durch den allgegenwärtigen und mitunter auch vieles verdeckenden Paprikaschleier hindurchzuschmecken. Obendrein steht der des Ungarischen unkundige Gourmet vor der schier unlösbaren Aufgabe, zahlreiche Garnituren mit schwer zu buchstabierenden Namen ständig präsent zu haben, um feststellen zu können, ob ein Gericht auch tatsächlich so zubereitet wurde, wie es nach Kecskeméter, Vecséser, Szekszárder, Dorozsmaer oder sonst einer Art tatsächlich sein sollte.

Gewiss versteckt sich hinter so viel Traditionalismus mitunter auch eine gewisse Angst vor dem Aufbruch zu neuen kulinarischen Ufern. Und leider gar nicht selten verbirgt sich dahinter eine Tiefkühltruhe, die keinen Boden zu haben scheint und die oft viel zu großen Speisekarten überreich bestückt.

Ehrlichkeitshalber sei auch das gesagt: In vielen, oft auch gar nicht so üblen gastronomischen Betrieben kann sich der aus dem Westen kommende Gast bis heute des Eindrucks nicht erwehren, dass eine gewisse planwirtschaftliche Mentalität noch nicht ganz ausgerottet ist. Dennoch hat die ungarische Gastronomie – und vor allem auch die Weinkultur – durch die fortschreitende Reprivatisierung und die Erschließung westeuropäischer Einkaufsquellen und Frischdienste eine Fülle neuer Impulse erhalten – und damit auch eine ganze Reihe hervorragender Restaurants, zu denen sich ständig neue gesellen. Die durch Jahrhunderte sprichwörtliche „ungarische Gastfreundschaft“ hat wieder eine Chance bekommen. Und die weiß sie an der Schwelle zur europäischen Ostöffnung auch von Jahr zu Jahr besser und wohlschmeckender zu nützen.

BUDAPEST: Eine Stadt für alle Sinne

Ungarns Metropole
und ihre Umgebung

Das Mekka der Lebensfreude

Budapest ist eine Stadt für alle fünf Sinne. Es lädt, etwa auf der romantischen und autofreien Margaretheninsel, zu langen Spaziergängen und gemütlicher Einkehr ein. Es ist durch seine Lage auf über 120 Thermalquellen nicht nur größte Kurstadt der Welt, sondern auch die einzige Hauptstadt weltweit, die als Heilbad anerkannt ist. Wer niemals im Gellért-Bad planschte oder von einem Bademeister des türkischen Rudas-Hamam mit Seife und einem Handschuh aus Ziegenfell am ganzen Körper durchgerubbelt wurde, der weiß nicht, was Wellness im Budapest-Style wirklich bedeutet.

Budapest ist aber auch eine Stadt der Musik, deren Vielfalt von den Aufführungen der ausgezeichneten Budapester Oper über die in zahlreichen Lokalen mit „lebender

Budapest im späten 19. Jahrhundert vom Blockberg aus gesehen. Illustration von Ludwig Rauscher für das „Kronprinzenwerk“.

Musik“ gepflegte Operettentradition bis hin zum Tanztheater im Nemzeti Táncszínház oder zu Avantgarde und Zigeunerjazz draußen im Fonó Budai Zeneház in der Sztregova utca reicht.
Es gibt aber nicht nur viel zu hören, sondern auch jede Menge zu sehen in Budapest. Neben den klassischen Musts wie dem Burgberg mit der Fischerbastei, der Stephansbasilika, dem Museum der Bildenden Künste oder den römischen Ausgrabungen von Aquincum sind es vor allem die kleineren Museen, in denen Bildungsfeinschmecker voll auf ihre Rechnung kommen.
Für Freunde der ungarischen Küche besonders interessant sind etwa das Ungarische Gastgewerbemuseum und das Ungarische Landwirtschaftsmuseum. Auch das Muse-

Sie ist das Wahrzeichen Budapests: die Fischerbastei.

So duftende wie farbenfrohe Genüsse: die bunte Vielfalt des Angebots in der Budapester Markthalle.

um der Dreher-Brauerei in der Jászberényi utca ist mit seiner einzigartigen Bierkrugsammlung durchaus von kulinarhistorischem Interesse. Weinfreunde werden hingegen eine Burgbergbegehung nicht ohne einen Besuch des **Magyar Borok Háza** vergehen lassen, dessen Schaukeller am Szentháromság tér siebenhundert verschiedene Weine aus 22 Regionen, darunter siebzig zur glasweisen Verkostung, offeriert.

Wo Wein wächst, lautet ein altes Sprichwort, da wird auch gerne und gut gegessen – in den Budaer Bergen, die die Stadt im Westen säumen, wächst viel Wein. Wohl nicht zuletzt deshalb gibt es auch gar so viele Restaurants und Gasthäuser in dieser Stadt, in der man – zumal in den Innenbezirken – keine fünfzig Meter zurücklegen kann, ohne dass es irgendwoher nach Braten, Pörkölt, Lángos oder Mehlspeisen duftet. (Wobei nicht verhehlt werden soll,

Ein Eldorado für Genießer ist die Markthalle heute noch. Ob frisches Gemüse, würzige Würste oder prächtige Fische – hier bleibt kein kulinarischer Wunsch offen.

dass es mitunter auch nach Buletten und Fritten riecht.) Was seine ausgeprägte Liebe zum Kulinarischen betrifft, so ist der Budapester vielleicht kein vollendeter Gourmet im französischen Sinne, aber doch ein vollendeter Genießer, der auch in den kargen Jahren des real existierenden Sozialismus nichts von seiner Lebenslust und Sinnenfreude eingebüßt hat. Wie denn auch in einer Stadt, in welcher die Gastfreundschaft eine so lange Tradition hat wie hier?

Ein Schlaraffenland für Gäste

Buda war schon im Mittelalter ein reicher, gastfreundlicher Ort, in dem es – wie im „Rechtsbuch der Stadt Buda“ nachzulesen – nicht gestattet war, einem durchreisenden Kaufmann Kost und Logis in Rechnung zu stellen. Im Gegenteil: die Bürger waren zur Bewirtung ausdrücklich verpflichtet, und wer gegen dieses Gebot verstieß, wurde mit einem Bußgeld in derselben Höhe bestraft, die man dazumal auslegen musste, um sich vom Abhacken der rechten Hand loszukaufen. Die Reisenden waren im Gegensatz dazu angehalten, bei keinem anderen Bürger als ihrem „Gastwirt" zu speisen oder Wein zu trinken.

Das Budaer Schlaraffenland währte jedoch nicht ewig, wobei das Essen, wie der Schriftsteller József Gvadány beschreibt, in Budapest auch späterhin verhältnismäßig preisgünstig war. Im bekannten Pester Gasthof „Zu den Sieben Kurfürsten", in dem der Autor 1790 tafelte, legte er etwa für ein auf Damast und Silber serviertes Menü aus Gerstengrießsuppe mit Zitrone, Faschiertem mit Knoblauch, Kapaun, Krammetsvögeln und einem Teller voller Austern nur „sparsame" sechs Goldstücke aus.

Voller Lebenslust war Budapest offensichtlich immer: Um 1903 ließ sich diese heitere Herrenrunde in einer Weinschänke fotografieren; heute brodelt das Leben auch auf der Váci utca.

In Gundels Reich

Budapests Gastronomie und Hotellerie hat immer wieder auch gastronomische Weltgeschichte geschrieben. Das 1918 errichtete **Hotel Gellért** beispielsweise, dessen Badegebäude von sämtlichen Stadtführern zu den wesentlichen architektonischen Sehenswürdigkeiten Budapests gezählt wird, galt bereits unmittelbar nach seiner Eröffnung, wie es in einem zeitgenössischen Pressebericht heißt, als „Hochburg des ungarischen Kunstgewerbes, des Gastgewerbes und der Gastronomie". Kein Wunder, lag die Leitung des Hauses doch in den Händen jenes Meisterkochs Károly Gundel (1883–1956), der neben dem Franzosen Auguste Escoffier, mit dem er auch ständig korrespondierte, bis heute zu den größten Chefs aller Zeiten gezählt wird. Gemeinsam mit seinem dazumal nicht minder legendären Küchenchef János Rákóczi entwickelte Gundel zahlreiche Küchenklassiker wie etwa die Pilzpalatschinken auf Bakonyer Art, den Zander à la Gundel, die geräucherte Gänseleber, das Kalbskotelett Pittsburgh, den Kalbsnierenbraten à la Rákóczi und – last, not least – die weltberühmten Gundel-Palatschinken. Hochgehalten werden diese – zugegebenermaßen nicht immer leicht verdaulichen – Küchentraditionen im **Restaurant Gundel** im

Das Hotel Gellért ist nach wie vor ein Must für Budapest-Besucher.

Budapester Stadtwäldchen, das früher „Wampetich“ hieß und von Gundel, der genau genommen kein gelernter Koch, sondern studierter Handelsakademiker war, seit 1910 geführt wurde.

Doch die Budapester Küche hatte nicht nur ihre gastronomischen, sondern auch ihre literarischen Propagandisten. Einer der bekanntesten ist der Schriftsteller Gyula Krúdy, der seinen Stammbaum bis auf jene legendäre Königin Beatrix zurückführte, die, aus Neapel stammend, als Gattin von König Matthias Corvinus italienische Lebens- und Tafelkultur ins Ungarnland gebracht hatte. Krúdy selbst neigte freilich weniger der aristokratischen Variante der ungarischen Küche zu, sondern „logierte“ vom Gabelfrühstück bis zum Abendessen am liebsten im Óbudaer Vorstadtwirtshaus **Kéhli,** an dem heute noch eine Marmortafel an den alten Stammgast erinnert, der die Hausspezialität, den riesenhaften Markknochen, schon damals zu schätzen und auszuschlürfen wusste.

Die Stadt der Cafetiers und Konditoren

Budapest ist eine Stadt der Legenden, und viele davon sind süß. Eine der bekanntesten davon ist zweifellos die Dobostorte.

József C. Dobos, seines Zeichens gelernter Konditormeister und Budapester Feinkosthändler, hatte stets einen Hang zur Größe. So führte er über sechzig Käse- sowie 22 Sektsorten und machte unter anderem damit Furore, dass er einen Fünfzig-Kilo-Käselaib aushöhlte, mit Burgunder füllte und so lange ins Schaufenster stellte, bis der Käseteig den Wein vollständig aufgesogen hatte und zu Höchstpreisen verkauft werden konnte. Die 1885 erstmals gebackene Dobostorte – ungarisch *Dobos torta* – verdankt ihre Entstehung dem Bestreben von József Dobos, eine auch für den Postversand geeignete Mehlspeise zu kreieren, die bei den damals noch recht mangelhaften Kühlungsverhältnissen mindestens zehn Tage ihre Form wahren und genießbar sein sollte. Dass die Torte nicht nur hielt, was sie versprach, sondern obendrein auch gut schmeckte, soll Dobos selbst überrascht haben. Die Ungarn wissen jedenfalls seither, was sie an ihrem József Dobos haben: Jedes Mal, wenn die Dobostorte einen runden Geburtstag feiert, wird bis heute ein Riesenexemplar mit zwei Metern Durchmesser durch die Straßen von Budapest getragen.

Ähnlich wie die Dobostorte ist auch das **Café Gerbeaud** (1052 Budapest, Vörösmarty tér 7, Tel. 1/429 90 00) eine süße Legende. Das weltbekannte Traditions-Kaffeehaus im Herzen von Budapest braucht man eigentlich niemandem zu empfehlen, da es ohnedies in jedem Reiseführer prominent erwähnt wird. Seit seiner Renovierung ist es jedoch auch für den kurzen Geschäftstermin zwischendurch eine gute Adresse. Außerdem kann man hier ausgiebig frühstücken, sich in mehr oder weniger üppige Torten eingraben, Kaffee trinken oder – ein besonders guter Tipp – die herrlichen Grammelpogatscherl verzehren, von denen es hier gleich drei Sorten gibt.

Jugendstil von seiner schönsten Seite: das Gellértbad.

Auch das **Café New York/Hungária** im Erdgeschoß des New-York-Palastes (Erzsébet körút 9–11) erstrahlt in völlig neuem Glanz. Das Café wurde 1894 als Begegnungsstätte für Künstler, Schreiberlinge, Denker und Müßiggänger eröffnet. „Tout Budapest" pilgerte Ende der 1920er Jahre „nach New York", das damals der kulturelle Treffpunkt der Stadt schlechthin war. Nach dem Zweiten Weltkrieg wurde das Etablissement jedoch geschlossen und an ein Sportgeschäft vermietet. Erst Mitte der 1950er Jahre öffnete es unter dem Namen Hungária wieder seine Pforten, seinen alten Glanz hatte es jedoch so gut wie verloren. Nach seiner Revitalisierung in den 1990ern ist das Kaffeehaus jedoch mit seinen vielen Spiegeln, Fresken, Säulen und Leuchten wieder ein Treffpunkt von Stadtgängern und Intellektuellen, aber auch von Schleckermäulern geworden.

Das Café Gerbeaud hat nicht bloß Tradition, es ist legendär und nach wie vor Treffpunkt all jener, die ein Faible für Süßes haben.

Letztere kommen jedoch noch viel mehr beim **Ruszwurm** am Budaer Burgberg auf ihre Rechnung, einer kleinen, aber mit Recht weltberühmten Zuckerbäckerei, die, wenngleich unter anderem Namen, von Lénárt Richter schon 1827 gegründet wurde. Zur gleichen Zeit als erstmals auch ein Lieblingswort der Ungarn auftauchte, nämlich *cukrász* – was nichts anderes bedeutet als Konditor.

DOBOSTORTE (Dobos torta)

Zutaten : *7 Eier, in Klar und Dotter getrennt, 200 g Zucker, etwas Salz 1 kräftiger Schuss Zitronensaft, 1/8 l lauwarmes Wasser, 1 Päckchen Vanillezucker, 50 g Staubzucker, geriebene Zitronenschale, 200 g Mehl*
Für die Creme: *200 g Zucker, 280 g Butter, Salz, 80 g Kakao, 1 cl Rum Vanillezucker*
Für die Karamelglasur: *250 g Zucker, Saft einer 1/2 Zitrone 12 Schokotrüffeln zum Dekorieren*

Zubereitung: In die verquirlten Dotter nach und nach Zucker, Salz, Vanillezucker, Zitronensaft und lauwarmes Wasser rühren. Masse cremig, Eiweiß extrem steif schlagen. Gesiebten Staubzucker und Zitronenschale unterheben. Schaum vorsichtig mit der Eigelbcreme vermengen. Mehl drüber sieben und ebenfalls unterheben. In einer Springform ca. 6–8 Tortenböden backen (im auf 200 °C vorgeheizten Ofen rechnet man dafür pro Boden 10–12 Minuten Backzeit).
Während die Böden auskühlen, eine Schokoladenbuttercreme zubereiten. Dafür zunächst Zucker in einen Topf geben, mit heißem Wasser knapp bedecken, unter stetigem Rühren aufkochen und wieder abkühlen lassen. Butter mit Salz in einer Schüssel sahnig rühren, 50 g Kakao vorsichtig untermengen. Zuckersirup nach und nach in die Butter-Kakao-Masse rühren. Die Creme abschließend mit Rum und Vanillezucker abschmecken. Kräftig verrühren.
Schokoladenbuttercreme gleichmäßig auf die Tortenböden streichen, wobei ein Tortenboden unbestrichen bleibt. Böden zu einer Torte zusammensetzen und den Tortenrand gleichmäßig mit Buttercreme bestreichen und mit dem restlichen Kakao bestäuben. Restliche Buttercreme in einen Spritzbeutel füllen und kühl stellen. Torte eine Stunde im Kühlschrank rasten lassen.
In der Zwischenzeit für die Karamellglasur den Zucker in einer Pfanne bei kleinster Hitze verflüssigen. Zitronensaft hinzufügen und die Masse unter ständigem Rühren goldgelb werden lassen. Den verbliebenen Tortenboden mit dieser Glasur gleichmäßig begießen und den Boden sofort mit einem scharfen, mit Butter eingeriebenen Messer in 12 Tortenstücke teilen. Wenn die Glasur fest und kalt geworden ist, diese Tortenstücke auf die Torte legen. Jedes Stück mit der restlichen Buttercreme und den vorbereiteten Pralinen garnieren.

Traditionalismus und Zeitgeistküche

Während der letzten zehn, fünfzehn Jahre hat sich die Einstellung vieler, vor allem jüngerer Budapester zur Kulinarik spürbar verändert. Zwar wird in Budapest nach wie vor auf traditionelle, ja fast möchte man sagen konservative Küche Wert gelegt; doch das Zauberwort heißt auch immer öfter „contemporary" – und umschließt so gut wie alles, was nicht typisch ungarisch, oder, wie es unter Kennern oft auch genannt wird, „mitteleuropäisch" ist.

Zeitgeist-Schmecker kommen in Budapester Lokalen wie dem **Cosmo** auf dem Kristóf tér 7–8, dem **Chelsea** im Budapester Art'otel (Bem rakpart 16–19), dem **Shakespeare** in der

1894 als Begegnungsstätte für Künstler und Literaten eröffnet, erstrahlt es heute wieder in neuem Glanz: das Café New York.

Sas utca 4, dem **Articsóka** in der Zichy Jenő utca 17 oder dem **Chapter One** in der Nádor utca 29 sicherlich voll auf ihre Rechnung. Andererseits finden gerade jene Westeuropäer, denen sich das Rad der Zeit zwischen Fusionküche, Fast und Health Food sowie System-, Erlebnis- und Wellnessgastronomie in ihrer Heimat fast ein wenig zu schnell dreht, in Budapests verwinkelten und oft auf angenehme Weise altmodischen Restaurants ein Refugium vor, in dem man sich beinahe einbilden könnte, wie einstens zu Kaisers Zeiten zu speisen ...

ALABÁRDOS

1014 Budapest, Országház utca 2, Tel. 1/350 08 51
Sonntag Ruhetag, Preise: hoch
Küche: klassisch mit modernen Akzenten

Wenn man es nicht definitiv besser wüsste, keine zehn Pferde würden einen hier hereinbringen: Lage, Umgebung, Entree – das alles sieht nach Nepp pur aus. Doch wer hier einmal gespeist hat, weiß es besser: Das Alabárdos ist dank seines jungen Küchenchefs Lázár Kovács und des sympathisch-kompetenten Restaurantchefs László Jakabffy eine jener Adressen, an denen sich erahnen lässt, warum manche ungarischen Gourmets bis heute der Meinung sind, die magyarische Küche gehöre neben der französischen und chinesischen zu den drei großen der Welt. Einerseits strebt man hier danach, alte Kreationen der Ära, bevor die Ungarn auf den Paprika kamen (das war erst um 1800!) wieder zu entdecken und an unsere Zeit anzupassen. Andererseits werden hier, was Präsentation, Kochtechniken und Saucen betrifft, viele Fehler nicht gemacht, die anderswo an der Tagesordnung sind. So kann man in gotischen Gewölben zwischen vielen Ritterrüstungen und mittelalterlichen Waffen auf echtem Zsolnay- oder Herend-Porzellan speisen und sich an einer idealtypischen Gänseleberpastete sowie einer aparten Aaltarte erfreuen. Das perfekt gegarte Mittelstück vom Balatonzander wurde in einer feinen Hollandaise mit knackigen Gemüsen und feinen, bissfest gegarten Flusskrebserln serviert. Aus der „Paprika-Abteilung" stammte indessen das Hahnenpörkölt mit Hahnenhoden auf Nudelflecken, dessen einziger Wermutstropfen darin bestand, dass die auf der Karte ebenfalls erwähnten (aber aus guten Gründen nicht versprochenen) Hahnenkämme dazu leider nicht vorrätig waren.

In der Nähe: Die Matthias-Basilika und die Fischerbastei liegen unmittelbar vor dem Eingang zum Restaurant. Außerdem lohnt sich ein kleiner Verdauungsspaziergang rund um den Burgberg oder auch ein Abstieg in den Budavári Labirintus, ein 1200 Meter langes Höhlensystem in 16 Metern Tiefe, das für zahlreiche Ausstellungen genützt wird.

BELCANTO

1066 Budapest, Dalszinház utca 8, Tel. 1/269 31 01
kein Ruhetag, Preise: gehoben,
Küche: ungarisch bis international

Wer kein Opernfreund oder ausgewiesener Verehrer der Muse Polyhymnia ist, der kann die folgenden Zeilen getrost überlesen. Er wird im Belcanto zwar leidlich ungarisch (Gänseleber) bis international (Tournedos Rossini) essen und ordentliche Weine trinken, sich aber ansonsten eher langweilen. Liebhabern schmelzender Arien und dröhnender Chöre jedoch erschließt sich in den hohen Räumlichkeiten, in denen man auch an einer Balustrade im ersten Stock auf schönen Thonet-Stühlen Platz nehmen kann, ein wahres Paradies. Täglich treten hier nämlich junge Sängertalente von der gegenüberliegenden Budapester Oper auf und unterhalten die Gäste einen Abend lang mit einem Arien- und Liederprogramm, zu dem sie von einem Klavierspieler und einem Stehgeiger einfühlsam begleitet werden. Seinem wahren Höhepunkt steuert der Abend jedoch stets dann entgegen, wenn der berühmte Kellnerchor auftritt. Mit Hangerl und Kochlöffel bewaffnet, versammeln sich die – auch in gastronomischen Belangen äußerst gut geschulten – *pincér* (Kellner) in ihren langen weißen Schürzen um das Klavier und intonieren den Toreromarsch aus Carmen, den Gefangenchor aus Nabucco oder dergleichen Ohrwürmer. Ein Tipp: Wer sich an den schmetternden Kellnern nicht satt hören kann, der bringt sie ganz leicht erneut zum Singen, indem er eine Runde Sekt oder Barack für sie ausgibt.

Gleich daneben: die Budapester Oper

BUSULÓ JUHÁSZ

1118 Budapest, Kelenhegyi út 58, Tel. 1/209 16 49 oder 209 17 11, kein Ruhetag, Preise: gehoben, Küche: klassisch ungarisch

Die Aussicht, die man von den Freiterrassen und Panoramafenstern dieses schmucken Restaurants von einem der Budapester Hausberge aus genießt, verdiente tatsächlich atemberaubend genannt zu werden, würde der Blick nicht ausgerechnet auf den hässlichsten Stadtteil Budapests fallen. Man tröstet sich über Schlote und Plattenbauten allerdings sehr schnell hinweg, wenn man stattdessen das silbergraue Band der Donau aus der Vogelperspektive betrachtet. Der Verdacht, in eine Touristenfalle gegangen zu sein, liegt auch hier nahe, allein: man wird sehr schnell eines Besseren belehrt. Die Atmosphäre entspricht mit ihren Pendeluhren, alten Ölgemälden, Statuen und Stuckaturen jener eines großbürgerlichen Wohnzimmers. Der klassisch gekleidete Service ist so smart wie charmant, die Musikkapelle dezent. Die Speisekarte reicht von Avocado mit Shrimps über Waller auf Bakonyer Art bis zu Magnatengulasch und flambierten Gundel-Palatschinken. Die Weinauswahl lässt kaum einen Wunsch offen.

Im Belcanto verstehen sich die Kellner auch auf hohe Sangeskunst.

CARMEL ÉTTEREM

1075 Budapest, Kazinczy utca 31, Tel. 1/342 45 85 kein Ruhetag, Preise: Mittelklasse, Küche: ungarisch-jüdisch

Das Restaurant im Budapester Judenviertel bietet, worauf gleich am Eingang ausdrücklich hingewiesen wird, keine koschere Küche an. (Wer eine solche sucht, wird gleich daneben auf Nummer 32 in dem wesentlich schlichteren **Hannah kóser étterem** fündig). Spezialitäten aus der traditionellen jüdisch-ungarischen Küche gibt es in den ziegelroten Kellergewölben, die mit ein paar schönen Porzellanpfeifen und alten Steingutkrügen dekoriert sind, gleichwohl: Der Bogen reicht von kräftiger Gänsesuppe mit Mazzeknödel über „gefilte Fisch“ und ein kalorienschweres Scholet mit gefülltem Gänsehals bis hin zum gefüllten Sauerkraut mit Würstchen und Kammfleisch. Außerdem werden üppig belegte Carmel-Teller mit Gänsekeule, Mandel-Puten-

BUDAPESTER SCHOLET (Tscholent)

Zutaten für den Kugli-Fladen: *150 g Maismehl, 5 EL Weizenmehl 3 EL Gänseschmalz, Salz, Pfeffer, milder Gewürzpaprika*
Für den Scholet: *250 g weiße, über Nacht gewässerte Bohnen 100 g Rollgerste (Graupen), 1 Zwiebel, 3–4 Knoblauchzehen 1 Gänsebrust, Salz, Pfeffer, 1 EL milder Gewürzpaprika*

Zubereitung: Zunächst den Kugli-Fladen zubereiten: Das Maismehl mit kochendem Wasser überbrühen und gut abtropfen lassen. Danach mit Weizenmehl, Gänseschmalz, Salz, Pfeffer und Paprika vermengen und zu einem Fladen formen. Diesen Kugli-Fladen in einen geeigneten Kochtopf legen und mit einem kleinen, feuerfesten Teller abdecken, damit er sich nicht zerkocht. Darüber einen Teil der Bohnen sowie die Rollgerste streuen. Mit Salz, Pfeffer und Paprika würzen. Dann die Gänsebrust darauf legen und alles mit den restlichen Bohnen abdecken. Abermals mit Salz, Pfeffer und Paprika würzen. Als letzte Schicht fein geschnittene Zwiebelringe und zerdrückte Knoblauchzehen auflegen und leicht paprizieren. Mit so viel kochend heißem Wasser auffüllen, dass die oberste Schicht Bohnen gerade bedeckt ist. Den Topf ins Rohr stellen und solange garen, bis Bohnen und Gänsebrust weich sind (ca. zwei Stunden). Vor dem Servieren den Teller über dem Kugli-Fladen entfernen.

Der Budapester Scholet schmeckt noch besser, wenn man ihn möglichst lange warm hält. Dies geht auf die jüdische Tradition zurück, den Scholet für den Sabbat, an dem ja jegliche Arbeit und unter anderem auch das Anzünden von Feuer verboten ist, schon am Freitag zuzubereiten und mit dem noch am Freitag angezündeten Feuer die ganze Nacht im Ofen warmzuhalten. Wer Angst hatte, dass das Feuer ausgehen oder der Scholet zu kalt werden könnte, brachte das Gericht am Freitag noch vor der abendlichen Sabbatfeier zum nächsten Bäcker, von wo es am Samstagmittag dann dampfend heiß auf den Sabbattisch zurückkam.

brust, Lendensteak mit Pilzen, Kalbsmedaillons mit Pilzen, Fogas mit Knoblauch, Petersfisch sowie eine exzellente Mazzetorte angeboten. Wer etwas über echte mitteleuropäische Küche erfahren will, der sollte hier anfangen.

In der Nähe: Als kongenialer Beginn oder Abschluss eines Essens im Carmel bietet sich ein Besuch der benachbarten Synagoge und des Jüdischen Museums in der Dohány utca 2 an.

CSAJKOVSZKIJ ÉTTEREM

1051 Budapest, Oktober 6. utca 5
Tel. 1/318 90 00 oder 317 29 87
Sonntag Ruhetag, Preise: gehoben
Küche: russisch

Im Grunde weinen die Ungarn den Russen ja keine Träne nach. Diesen Russen allerdings lieben sie mehr denn je. Die Kellner sehen hier in ihren langen roten Livreen mit den Goldbordüren tatsächlich wie russische Bojarendiener aus, und der kalte Glanz des historistischen Ensembles lässt an einen Prunksaal im Kreml denken. Man speist auf Silber, trinkt (was dem Wein nicht unbedingt gut tut) aus geschliffenem Bleikristall und erfreut sich an einer klassischen russischen Küche, deren Darreichungen von einer nicht nur optisch sehr eindrucksvollen Sakuskaplatte über exzellenten Borschtsch und mit Gänseleber gefüllten Kalbsfuß bis hin zu allerlei Wild-, Geflügel- und Pilzgerichten oder dem klassischen Bœuf Stroganoff reicht. Im Hintergrund gibt's leise oder auch lautere Musik. Tschaikowsky natürlich, was sonst?

CHEZ DANIEL

1060 Budapest
Sziv utca 32
Tel. 1/302 40 39
kein Ruhetag
Preise: Mittelklasse
Küche: französisch

Daniel Labrosse ist für viele der beste Koch von Budapest und hat eigentlich nur den Schönheitsfehler, dass er eben leider Franzose und nicht Ungar ist. Wer vor dem winzigen Kellerlokal steht, zögert allerdings es zu betreten, weil sein Äußeres sich wenig einladend präsentiert. Doch ist man die paar Stufen erst einmal hinab ins Souterrain gestiegen und hat im dürren Licht der Niedervoltlampen Platz genommen, so löst sich die anfängliche Skepsis angesichts der kleinen, aber feinen Bistrokarte schnell in Wohlbehagen auf. Es riecht nach Kräutern und frischer Butter, die Gänseleber auf Mangoscheiben schmilzt auf der Zunge, und der Canard à l'Orange oder der mit Thymian gegrillte Coq zeugen von einer absoluten Meisterschaft der Küche im Umgang mit ungarischem Geflügel. So paradox es klingen mag: Wer diesen „kleinen Franzosen" niemals besucht hat, der kennt Budapest nicht.

Stimmungsvoll speisen im Gundel – während die Köche die Würzkräuter eigenhändig pflücken.

CORVINUS

Kempinski Hotel
1051 Budapest
Erzsébet tér 7–8
Tel. 1/429 37 77
Sonntag Ruhetag
Preise: teuer
Küche: international mit ungarisch-mediterranen Akzenten

Das kulinarische Flaggschiff Budapests findet man im Hotel Kempinski, und obwohl das Restaurant so gar nicht magyarisch daherkommt, trägt es seinen Namen stolz nach König Matthias Corvinus, dem Wegbereiter der Renaissance in Ungarn.

Dem ungarischen Element nähert sich die Küche nur vorsichtig an, etwa mit Gerichten wie Gänseleber in Tokajer-Sesamgelee, Balatonzander in Champagnersauce oder mit ungarischem Ziegenkäse gratiniertem Kalbsfilet auf Trüffelrösti. Service und Keller lassen keinen Wunsch offen, und das ebenfalls zum Kempinski gehörende **Ristorante Giardino** hält im Wettkampf um „Budapests besten Italiener" neben **Fausto's, Krizia** und **La Corte dei Borboni** einen Dauer-Spitzenrang.

COSMO

1052 Budapest, Kristóf tér 7–8 (Váci utca 4a)
Tel. 1/266 47 47, kein Ruhetag, Preise: obere Mittelklasse
Küche: zeitgeistig

Im Herzen der Stadt, auf einem kleinen Plätzchen abseits der Váci utca, findet man das vermutlich erste Lokal, mit dem sich Budapest die „Fusion-Cuisine" in Designeratmosphäre zu Eigen machte. Man sitzt in einem hübschen Patio auf formschönem, aber etwas unbequemem Gestühl und darf sich wie im Big Apple fühlen, während man bunt gemischte Kompositionen aus ungarischen, asiatischen und anderen überseeischen Zutaten zu sich nimmt. Wer deswegen nach Budapest kommt, wird sich hier sicherlich wohl fühlen. Das Cosmo gehört übrigens zum etwas klassischeren, aber ebenfalls sehr urban-kontemporären **Cyrano,** das sich für ein leichtes Mittagessen in der Einkaufsmeile sehr gut eignet.

In der Nähe: das weltberühmte **Café Gerbeaud**

DOMINICAN IM HOTEL HILTON

1014 Budapest, Hess András tér 1–3, Tel. 1/488 67 57
kein Ruhetag, Preise: teuer, Küche: klassisch mit ungarischen und mediterranen Akzenten

Man mag es drehen und wenden wie man will: Einer der schönsten Essplätze in Budapest liegt nun einmal im architektonisch ansonsten eher zweifelhaft gelungenen Hotel Hilton, das – inklusive Spielcasino – mitten in die verfallene Dominikanerbastei hineingebaut wurde. Von hier aus genießt man einen grandiosen Blick über die ganze Stadt, speist in gediegenem weiß-rosa Mobiliar, und allein schon der Anblick des Hummerbeckens erweist sich als Verheißung, dass hier auf frische Produkte und sorgfältige Zubereitung Wert gelegt wird. Tatsächlich findet man dann auch zum Teil recht inspirierte Gerichte wie Fogaspastete, Gänseleber mit Apfel und Sellerie oder Fasanenbrust mit Quittenpüree auf der Karte. Oder man macht es wie die Budapester und kommt zum weithin berühmten Samstags- und Sonntagsbrunch her.

Gleich daneben: Fischerbastei und Matthias-Basilika

FAUSTO'S RISTORANTE

1072 Budapest, Dohány utca 5, Tel. 1/269 68 06
Sonntag Ruhetag, Preise: gehoben, Küche: italienisch

Viele der schon seit Renaissance-Zeiten traditionell italophilen Budapester Feinschmecker halten Fausto's für das beste mediterrane Restaurant der Stadt. Tatsächlich wird die Speisekarte täglich neu geschrieben – in Budapest leider immer noch eine Seltenheit – und wartet mit Köstlichkeiten wie Pappardelle mit Entenragout, Tagliatelle mit Shrimps und Grünspargeln, Linguini mit Spinnenkrebsen, Pennette mit Jakobsmuscheln, Steinbutt in Martinisauce, Lamm mit Speck und Balsamico oder Tiramisu auf. Fazit: Ein exzellentes Hideaway für alle, die der ungarischen Schmalz- und Paprikaseligkeit für ein paar Stunden entfliehen wollen.

In der Nachbarschaft: das jüdische Viertel

FORTUNA

1014 Budapest, Hess András tér 4, Tel. 1/375 68 57
kein Ruhetag, Preise: gehoben, Küche: klassisch ungarisch

Während man von Einheimischen vor dem Besuch der noblen Burgberg-Restaurants meist ebenso ausdrücklich wie gestenreich gewarnt wird, erfreut sich das Fortuna offensichtlich auch unter Budapester Feinschmeckern großer Wertschätzung. Die Atmosphäre in den über ein halbes Jahrtausend alten Gewölben ist mit „altmodisch-elegant" am besten zu beschreiben, und auch die Speisekarte spezialisiert sich vor allem auf Gerichte, die in der Tradition der klassischen ungarischen, vor allem auch der fast ausgestorbenen transsilvanischen Küche stehen – wobei sie spannender Weise ohne viel Paprika auskommt: Eine echte Trouvaille ist beispielsweise der schwarze Waller mit Mandeln, Wirsingklößen und Sterletfülle oder das Dessert von Topfen mit Honig.

Gleich daneben: In der benachbarten Fortuna-Passage gibt es eine ausgezeichnete Buchhandlung, in der man freundlich betreut wird, Kaffee trinken und in zahlreichen Kochbüchern schmökern kann. Außerdem in unmittelbarer Nähe ist das wirklich sehenswerte Ungarische Handels- und Gastgewerbemuseum in der Fortuna utca 4.

GOVINDA

1036 Budapest, Belgrád rakpart 18, Tel. 1/318 11 44
Montag Ruhetag, Preise: sehr günstig
Küche: kreativ-vegetarisch

Dass es zu jeder These eine Antithese gibt, ist ein altes hegelsches Prinzip, das natürlich auch auf die ungarische Küche anwendbar ist. Deren absolute Antithese findet man im Govinda, einem Restaurant mit buddhistischer Grundhaltung, in dem nur Limonaden (darunter eine mit Rosenwasser), Ingwerbier und andere alkoholfreie Getränke ausgeschenkt werden. Die Küche, in der jeden Tag ein anderes, sechs- bis achtgängiges Menü zubereitet wird, arbeitet präzise, unaufwendig und geschmacklich ausgesprochen überzeugend. Vor allem beweist sie, dass die vegetarischen Küchen des indischen Subkontinents und die Fleischtöpfe Ungarns am Gaumen trotz allem eine gar seltsame, aber durchaus wohlschmeckende Verwandtschaft aufweisen. Womit fast schon wieder von einer Synthese gesprochen werden könnte.

GUNDEL-PALATSCHINKEN

Zutaten für die Palatschinken: *250 g Mehl, 1 Ei*
200 ml Milch, 200 ml Mineralwasser, 200 ml Öl
20 g Zucker, Salz
Für die Nussfülle: *150 g Nüsse,*
150 g Rosinen, 150 g Puderzucker, 200 ml Sahne
geriebene Zitronenschale, 10 g Vanillezucker
100 ml Rum
Für die Schokoladensauce: *150 ml Milch, 3 Eidotter*
100 g Zucker, 30 g Butter, 30 g Bitterschokolade
100 g Kakao, 100 ml Rum

Zubereitung: Aus den angegebenen Zutaten einen Palatschinkenteig rühren und in etwas Fett nicht zu dicke Palatschinken ausbacken. Gemahlene Nüsse mit den übrigen Zutaten zu einer Fülle vermischen, diese auf die Palatschinken auftragen und dieselben einrollen. Milch, Dotter, Zucker und Butter mit dem Schneebesen rühren, geriebene Schokolade und Kakao hinzufügen und unter ständigem Rühren bis zum Siedepunkt erhitzen. Mit Rum abschmecken. Schokoladensauce über die gefüllten Palatschinken gießen und vor dem Servieren nach Belieben (Gundels Originalrezept sieht derlei nicht vor) mit Barack, Rum oder Brandy flambieren.

GUNDEL ÉTTEREM

1146 Budapest, Állatkerti út 2, Tel. 1/321 35 50
kein Ruhetag, Preise: sehr teuer, Küche: klassisch ungarisch

Zugegeben: Jeder einigermaßen kulinarisch interessierte Budapester wird Ihnen in seiner Heimatstadt mit Sicherheit Preiswürdigeres als das Traditionslokal (heute

„american-run“) am Stadtwäldchen empfehlen können. Und dennoch wäre es wahrhaftig ein Fehler, niemals dort gewesen zu sein. Sie beraubten sich zunächst einmal der atemberaubenden Ambiance eines mit Unmengen von Mahagoniholz und auch ansonsten in jeder Weise verschwenderisch ausgestatteten Gartenpalais im Jugendstil. Sie brächten sich um die Klänge der unaufdringlichsten und elegantesten Zigeunerband von Budapest. Sie ließen eine zwar altmodische, aber auf den Spuren des legendären Károly Gundel wandelnde und daher einst weltweit stilbildende Küche an sich vorübergehen. Sie verzichteten auf dekorativ flammende Flambées und den kompetenten Weinservice. Vor allem jedoch: Sie könnten nicht mitreden, wenn – was häufig vorkommt – wieder einmal auf das Gundel geschimpft wird. Über jeden Verdacht erhaben: die geräucherte Gänseleber.

Ein Must: die Gundel-Palatschinken.

In der Nähe: Das Városliget (Stadtwäldchen) ist so etwas wie der Hydepark Budapests. In seiner Mitte findet man in der neoromantischen Ritterburg Vajdahunyad das Mezőgazdasági Múzeum (Landwirtschaftliches Museum), in dem u. a. auch Paprikafreunde auf ihre Rechnung kommen.

In der Nähe des Gundel liegt im Stadtwäldchen die neoromantische Ritterburg Vajdahunyad.

KACSA ÉTTEREM

1027 Budapest,
Fő utca 75
Tel. 1/201 99 92
am Wochenende
nur abends geöffnet
Preise: gehoben
Küche: klassisch ungarisch mit vielen Entenspezialitäten

Was war zuerst, die Ente oder die Ente? Gemeint ist die Ente, die im Restaurant Kacsa serviert wird, oder die Ente, nach der die kleine Straße benannt ist, die die Fő utca exakt dort kreuzt, wo unser Restaurant in einer relativ anrüchigen und trostlosen Gegend zum Mahle lädt. Wie des Öfteren in Budapest verändern sich die Emotionen, sobald man die Eingangstür durchschritten hat. Das Innere des Etablissements entpuppt sich als angenehm old-fashioned, wozu die roten Seidentapeten ebenso beitragen wie die leise, dezente Zigeunermusik und die schummrige Beleuchtung. Der zuvorkommende Service erläutert mit Engelsgeduld die Speisenauswahl, die alles andere als klein ist. An der Qualität der Rohprodukte wird ebenfalls nicht gespart. Froschschenkel und Weinbergschnecken stammen aus Ungarn und nicht aus Korea. Und die Hausspezialität – Wildente mit Zunge und Pflaumen – ist eine Reminiszenz an jenes alte Ungarn, das noch keinen Paprika kannte. Eine Sünde wert sind (auch) hier die Gundel-Palatschinken. Die Weinauswahl

Klassische siebenbürgisch-transsilvanische Küche wird im Kárpátia étterem serviert.

ist kleiner, als die dicke Weinkarte es auf den ersten Blick verheißt.

In der Nähe: Die St.-Anna-Kirche auf dem Batthyány tér ist ein besonders stimmungsvolles barockes Gotteshaus. Das Gießerei-Museum (Öntödei Múzeum) in der Bem József utca 20 liegt in einem ehemaligen Gusshaus und enthält zahlreiche Kunstwerke der Metallgießerei des 19. Jahrhunderts.

KÁRPÁTIA ÉTTEREM ÉS SÖRÖZŐ

1053 Budapest, Ferenciek tér 7–8, Tel. 1/317 35 96
kein Ruhetag, Preise: teuer
Küche: klassisch transsilvanisch

Dieses klassische ungarische Magnatenlokal – das ungefähr so aussieht, wie man sich Herzog Blaubarts Burg vorstellt – erweckt beim sensiblen Gast schon beim Eintreten jenes gewisse Misstrauen, das den gelernten kulinarischen Globetrotter stets dann beschleicht, wenn er nicht weiß, ob er in ein Restaurant oder in eine Touristenattraktion gefallen ist. Dieses Misstrauen ist insofern unberechtigt, als hier ein Meister seines Fachs jene klassische siebenbürgisch-transsilvanische Karpatenküche zubereitet, die jahrhundertelang mit Recht im Ruf stand, die bessere der „beiden ungarischen Küchen" zu sein. Man darf sich also ruhig trauen. Und viel teurer als andere teure Restaurants in Budapest ist das Kárpátia auch nicht.

KÉHLI VENDÉGLŐ ANNO 1899

1036 Budapest, Mókus utca 22, Tel. 1/250 42 41
oder 368 06 13, kein Ruhetag, Preise: Mittelklasse
Küche: ungarische Hausmannskost

Dort, wo die romantische Vorstadt Óbuda am Fuße des Budaer Hügellands von einer Autobahn durchschnitten wird wie vom Fallbeil einer Guillotine, dort findet sich in einer früher sicher lieblicheren Gegend das Restaurant Kéhli. Ihren Ruhm verdankt die alte Wirtschaft mit dem überdachten Patio-Garten zunächst dem Schriftsteller Gyula Krúdy, dessen Einsatz es dereinst vor der Schleifung bewahrte. Dass sein Ruhm aber auch in der Gourmetwelt intakt ist, verdankt das Kéhli schlicht und einfach seiner guten Küche, die schon seit vielen Jahren nicht zu Unrecht im Ruf steht, die beste der bodenständigen Art in ganz Budapest zu sein. Wer diese lange Einleitung zu theoretisch findet, der braucht indessen nur das *Forró fazék* zu bestellen, und er weiß, was gemeint ist: Serviert wird ein schlichter roter Suppentopf voll saftigem Rindfleisch mit Thymian, knackigem Suppengemüse und Safran. À part wird ein fast ellenlanger Röhrenknochen voll mit fast milchweißem Knochenmark samt geröstetem Weißbrot und Knoblauch serviert, der den Esser zugegebenermaßen dem Verdacht aussetzt, ein verkappter Kannibale zu sein. Bemerkenswert ist auch das gefüllte Kraut nach Esztike Lévai, das mit Schweinshaxen, Schweinsohren, Saurüssel, Paprika und Majoran zubereitet wird. Der Grauburgunder aus den Budaer Bergen oder die rote Kéhli-Cuvée aus Villány tun ein Übriges dazu, dass man das Restaurant beschwingt und heiter, wenn auch nicht wirklich schwerelos wieder verlässt.

In der Nähe: Ein paar Schritte entfernt findet man eine kleine barocke Wallfahrtskirche.

KÉPÍRÓ

1053 Budapest, Képíró utca 3, Tel. 1/266 04 30
kein Ruhetag, Preise: gehoben
Küche: franko-ungarisch

Budapest erinnert nicht nur in der Anlage seiner großen Avenuen an Paris, sondern auch in der allgegenwärtigen Liebe zu Speis und Trank. Was lag also näher, als ein Restaurantkonzept auf der Basis der ungarisch-französischen kulinarischen Freundschaft aufzubauen. Vom Styling her ist das Képíró das, was man „New Gastronomy" nennt. Was den Küchenstil betrifft, so spuken jedoch schmeckbar die guten Geister des alten Gundel und des alten Escoffier in den Köpfen der Köche herum, wenn sie etwa eine Gänseleber im Kohlblatt dämpfen und weder an Weinbergschnecken noch Kaninchenkeulen, vor allem aber auch nicht an französischem Käse sparen. Außerdem gibt's viel Kunst, gelegentlich Livemusik sowie Weinkulinarien und Slow-Food-Menüs. Vorbestellung ratsam!

In der Nähe: Die große Jugendstil-Markthalle Nagyvásárcsarnok, ein Paradies für alle, die ungarische Spezialitäten von Salami bis Paprika einkaufen wollen, ist nur etwa fünf Gehminuten entfernt.

KIS BUDA

1034 Budapest, Kenyeres utca 34, Tel. 1/368 64 02
Sonntag Ruhetag, Preise: gehoben
Küche: ungarisch bis international

War hier früher einmal ein Bordell? Oder zumindest ein etwas schlüpfriges Lokal? – Das Deckengemälde mit der hübschen Dame, die sich gerade von einem Kavalier den Rücken bepinseln lässt, während man ihr aus der Gästeperspektive buchstäblich unter den Rock sehen kann, lässt derlei Vaudeville-Vergangenheit mutmaßen. Doch spätestens die umsichtigen Blicke, mit denen der Patron seinen Service dirigiert, machen solche Überlegungen obsolet. Nein, nein, man ist hier schon in einem seriösen Lokal gelandet, mit dessen gemütlicher Einrichtung man Dutzende von Flohmärkten beschicken könnte. Die Speisekarte ist von jeher (zu) groß, Spargelspezialitäten, Wildgerichte, Meeresfrüchte und Was-weiß-Gott-noch-Alles gibt es das ganze Jahr über. Immer eine sichere Bank ist das Paprikahuhn, abends erklingt leise Pianomusik, und als Digestif empfehlen sich die edlen hochprozentigen Getränke.

In der Nähe: Nach dem Essen bietet sich ein kleiner Verdauungsspaziergang durch die hübsche Budaer Vorstadt an. Auch Aquincum, das altrömische Budapest, ist nah.

LOU-LOU

1051 Budapest, Vigyázó Ferenc utca 4, Tel. 1/312 45 05
Sonntag Ruhetag, Preise: gehobene Mittelkasse
Küche: zeitgemäß mit französisch-mediterranen Akzenten

Seine Lage inmitten der Budapester Businessmeile und die legere Bistro-Atmosphäre bescheren dem Lou-Lou ein urbanes, durchweg jüngeres Publikum, das die marktfrische, abgesehen von gelegentlichen Obers-Eskapaden eher leichte Küche von Károly Rudits durchaus zu schätzen weiß. Man speist hier Entencarpaccio mit Linsen, Lachssteak mit Zitronengrassauce oder Lammrücken mit grünen Bohnen, die ihre Frische der nahen Markthalle verdanken. Sympathisch ist auch die frankophile Liebe des Patrons zu Saucen auf Dijonsenf-Basis, die er gerne zu Wildgerichten serviert, bevor er dann zum Abschluss mit recht flaumigen Soufflés ansetzt.

MÁGNÁSKERT

1025 Budapest, Csatárka utca 58, Tel. 1/325 99 67
kein Ruhetag, Preise: hoch
Küche: kreativ-ungarisch

So nobel wie rustikal, so appetitlich wie gemütlich und so gastlich wie kompetent präsentiert sich dieses inmitten eines der Budapester Villenviertel gelegene Nobelrestaurant im Teepagoden-Stil, das sowohl was Küche und Wein als auch was persönliche Betreuung betrifft zum Besten zählt, was die Gastronomie zwischen Pest und Buda gegenwärtig – vor allem für ein gepflegtes Geschäftsessen – zu bieten hat. Der Service ist blendend disponiert (manchmal fast schon zu blendend, da er bei schütter gefülltem Lokal vor lauter Arbeitswut oft dazu neigt, den ein oder anderen Salto zuviel zu schlagen), und die Küchenbrigade zeigt, dass der Traum von einer zeitgemäßen ungarischen Küche durchaus Chancen hat, doch in Erfüllung zu gehen. So kann man sich an Entenconsommé mit Gänselebersoufflé gütlich tun, Mignons vom Milchlammrücken auf Majoranrösti mit einem Ragout vom Lammbries genießen und sich am Mágnáskert-Dessert (in Form eines großen, aus verschiedenerlei Lagen bestehenden M) gar nicht satt sehen. Kritisch anzumerken bleibt lediglich, dass die Küche manchmal ein wenig verspielt ist und für eine attraktive Anrichteweise schon auch einmal in Kauf nimmt, dass der Service beim Vorlegen ins Schwitzen gerät.

MÁRVÁNYMENYASSZONY

1012 Budapest, Márvány utca 6, Tel. 1/375 31 65 oder 487 30 91, kein Ruhetag, Preise: moderat Küche: ungarische Hausmannskost

Das Restaurant mit dem vermutlich längsten Namen von Budapest verdankt denselben einer Begebenheit, die sich hier schon vor zweihundert Jahren zugetragen hat: Bei einer Hochzeit fiel die übermüdete Braut am Wirtshauseingang ihrem Bräutigam ohnmächtig in die Arme, was die Hochzeitsgesellschaft zu dem Ausruf animierte: „Seht her, die Braut ist zu Marmor erstarrt!" – Gäste von heute laufen, zumindest so lange sie dem ausgezeichneten Weinangebot nicht allzu sehr zusprechen, nicht Gefahr, in Ohnmacht zu fallen. Auch die im Ofen gebackene Gänseleber, die klassisch, aber in jeder Hinsicht ohne Fehl und Tadel zubereiteten Wildspezialitäten aus Eigenjagd und vor allem die knusprigen Gänsekeulen wirken (zumindest zunächst) eher animierend. Einziger Nachteil dieses Tipps mit dem schönen großen Garten: Er ist auch schon vielen Reisebüros bekannt und deshalb leider gar nicht mehr geheim.

In der Nähe: der Budapester Südbahnhof (Déli pályaudvar)

Berühmt für seine üppigen Portionen: Tante Náncsis Wirtshaus im kühlen Grunde.

MÚZEUM KÁVÉHÁZ ÉTTEREM

1088 Budapest, Múzeum kőrut 12, Tel. 1/138 42 21 oder 267 03 75, Sonntag Ruhetag, Preise: gehoben Küche: ungarisch-mediterran mit kreativen Akzenten

Lassen Sie sich von der Bezeichnung „Kaffeehaus" nicht beirren und auch nicht von der relativ unscheinbaren Fassade. Dahinter verbirgt sich ein fast schon aufregend schönes historisches Ensemble, das zwar über sämtliche Merkmale eines idealtypischen Nobel-Cafés der Jahrhundertwende verfügt, in Wirklichkeit aber ein echtes Restaurant ist – und ein besonders feines obendrein.

Kunsthistorisch Interessierte werden vor allem die über hundert Jahre alten Zsolnay-Fayencen bewundern, die neben ornamentalen auch figurale Darstellungen aus dem Zigeunerleben zum Inhalt haben. Das Auge erfreut außerdem die altrosa Tischwäsche, am Abend erklingt Klaviermusik, und ein äußerst versatiler Ober antwortete uns auf die Frage, ob er deutsch spreche, es dürfe ruhig auch italienisch oder finnisch sein. Die Küche bietet viel Klassisches, ist aber auch (gerade in letzter Zeit, wie uns scheint, zunehmend) mediterran angehaucht. Erstaunlich frisch präsentieren sich in der Vitrine zahlreiche Meeresfische, noch erstaunlicher ist die Tatsache, dass man auf der Tageskarte winzige, in Chili-Knoblauch-

Öl gebratene Aale zu einem erstaunlich günstigen Preis findet. Schade, dass das Entenlebercarpaccio nur eine gebratene Naturleber mit feinen Rotweinzwiebeln war. Exzellent hingegen: der Waller auf Dorozsmaer Art mit hausgemachten Nudelflecken, Speck, Rahm und Steinpilzen sowie das originelle mit Porree gefüllte Schweinsschnitzel nach Art des Zigeuners Jessy.

Gleich daneben: Das Ungarische Nationalmuseum ist gleich nebenan und mit einem Angebot von über einer Million historischen Objekten eine gute Möglichkeit, die nach dem Besuch des Múzeum Kávéház nötigen „1000 Schritte" zu tun und dabei auch noch etwas zu lernen.

Vor allem jüngere Budapester zieht es gerne ins Remiz kávéhaz és söröző.

NÁNCSI NÉNI VENDÉGLŐ

1029 Budapest, Ördögárok utca 80, Tel. 1/397 27 42
kein Ruhetag, Preise: Mittelklasse
Küche: ungarische Hausmannskost

Ob gerade der real existierende Sozialismus oder der Neoliberalismus am Ruder ist, lässt sich in diesem Budapester Schlemmertempel kaum herausschmecken. Denn Tante Náncsis Wirtshaus im kühlen Grunde des vorstädtischen Hüvösvölgy hat nur eine Ideologie: seine Gäste satt zu machen. Das freilich tut das gemütliche, holzverschalte Gartenlokal nicht nur auf eine äußerst effektive und für gewöhnlich auch durchweg schmackhafte Weise. Alleine die Vorspeisenplatte reicht als Abendessen für ein bis zwei Personen. Doch dann locken noch selbst eingelegte Pilze, verführerische Bohnensuppen mit Schweinsstelzen, gewaltige Fischsuppen, im Ganzen gebratene Süßwasserfische, wahrhaft gargantueske Fleischplatten sowie sündhafte Mehlspeisen. Dazwischen tummelt sich auch allerlei Unnötiges aus dem wahrlich nicht ums Eck liegenden Meer (die Tiefkühltruhe scheint recht geräumig zu sein) auf der Karte. Doch das muss man ja nicht bestellen. Die Zielgruppe des Lokals sind, wie die deutsche Speisekarte verräterisch anmerkt, neben Gourmets auch „Bauchdiener". Und ein solcher muss man, um hier heil wieder herauszufinden, wohl auch sein.

RÉKA JURTÁJA

1060 Budapest, Izabella utca 85, Tel. 0630/251 56 69
kein Ruhetag, Preise: leistbar
Küche: ungarische Hirtenkost

In dieser Innenstadt-Csárda fühlt man sich tatsächlich wie in einer Hirtenjurte, sitzt auf Tierfellen und speist auch wie die alten Hunnen – oder zumindest so ähnlich. Die auf einen veritablen Schulterknochen geschriebene Speisekarte verheißt viele Innereien wie Kalbsbries, Nieren oder Hahnenhoden. Auch das Lamm vom Spieß mundet ausgezeichnet. Kurzum: Ungarische Küche für Hardcore-Magyaren. Dienstag am Abend gibt's auch Livemusik.

Budapests urtümlichste Fischerpinte: das Sipos in Óbuda.

RÉZKAKAS (Zum kupfernen Hahn)

1053 Budapest
Veres Pálné utca 3
Tel. 1/318 00 38
kein Ruhetag
Preise: obere Mittelklasse
Küche: klasisch ungarisch

Wollten Sie immer schon Putins Lieblingskaviar verkosten? – Dann können Sie dies hier in ausgesprochen behaglicher und gepflegter Stubenatmosphäre tun und sich obendrein über eine sehr gute Fleisch- und Wildküche (Herender Schweinsbraten, Budapester Beiried) sowie auf wahrlich sündhaft gute Strudelspezialitäten freuen. Ebenfalls empfehlenswert: der Hauswein aus Villány.

REMIZ KÁVÉHÁZ ÉS SÖRÖZŐ

1021 Budapest, Budakeszi út 5, Tel. 1/275 13 96
kein Ruhetag, Preise: im Mittelfeld
Küche: ungarisch mit mediterranen Akzenten

Zu den Lieblingslokalen vor allem jüngerer Budapester zählt die Remiz, die ihren Namen dem Umstand verdankt, dass sie (in unmittelbarer Nachbarschaft der berühmten Szép Ilona, s. dort) am Ende einer wichtigen Straßenbahnlinie liegt und auch sonst mit allerlei Tramwayensia aufwartet. In einem schönen Garten kann man hier einfache Grillgerichte zu überraschend wohlfeilen Preisen genießen. Im Inneren huldigt man in diesem denkmalgeschützten Haus mit Wintergarten und prunkvollem Gestühl eher einer styligen Neo-Renaissance. Der Service ist – wie es zu einem In-Lokal passt – eher smart und leger. Die Küche setzt ein paar mediterrane Akzente, offeriert aber auch eine feine Kalbsleber, ein Paprikahuhn mit Petersilnudeln, eine gegrillte Gänseleber sowie – für die zahlreichen nachmittäglichen Gäste – viele süße Kaffeehaus- und Konditoreispezialitäten.

ROBINSON

1146 Budapest, Városligeti tó, Tel. 1/422 02 22
oder 422 02 24, kein Ruhetag, Preise: gehoben
Küche: ungarisch bis international

Wirklich einsam ist die Robinsonade im Budapester Stadtwäldchen ja nicht. An schönen Tagen tummeln sich in und um dieses in einen romantischen Teich hineingebaute Restaurant – auf dessen über eine Wendeltreppe erreichbaren Dach man auch mit sehr schöner Aussicht speisen kann – nämlich die Massen. Erfreulicherweise hat das dem guten Ruf des Etablissements bis dato allerdings kaum Abbruch getan. Dazu ist das Robinson nämlich sowohl zu gepflegt als auch zu gut geführt. Die Atmosphäre erinnert mit ihren

Antiquitäten und zahlreichen Bildern von Insekten und Schmetterlingen an einen britischen „Old Curiosity Shop", allerdings an einen von der gepflegtesten Sorte. Eher soignierte Kellner servieren von der (etwas zu) großen Karte Gänseleberbrötchen, Gänseleberrisotto, Froschschenkel mit Letscho, Frischlingsragout oder Hühnermagengulasch. Und feine Desserts gibt's, am Stadtwäldchen fast überflüssig zu erwähnen, auch.

In der Nähe: Heldenplatz, Museum der Schönen Künste, Kunsthalle, Zoologischer Garten

ROSENSTEIN ÉTTEREM

1087 Budapest, Mosonyi utca 3, Tel. 1/313 41 96
kein Ruhetag, Preise: gutbürgerlich, Küche: klassisch bis international mit jüdischen Akzenten

Das Rosenstein liegt in einer ziemlich sinistren alten Industriezeile gleich hinter dem Ostbahnhof, gegenüber einer Kaserne, aus der es weithin nach Pferdemist stinkt, weil hier offenbar noch versprengte Husarenregimenter einquartiert sind. Umso überraschter ist man, ein nicht nur sauberes, sondern sogar recht elegantes, helles und freundliches Restaurant zu betreten, in dem man von Tibor Rosenstein selbst begrüßt wird. Der Mann gilt in Budapest als Legende, kochte er doch schon zu kommunistischen Zeiten im Kispipa, dem dazumal ersten Restaurant der Stadt. Rosenstein hat seinen Stil beibehalten: gute Produkte aus Jagd und Fischerei, eine engagierte Küche, ein Hang zur opulenten Schlemmerei und etliche koschere Gerichte (am Sabbat beispielsweise gibt's hier Scholet) und eine viel zu große Karte, auf der es für jeden alles – von Scampi und Seezunge über Gänsebein und Froschschenkel bis zu Tiramisu – gibt. Köstlich: die Halászlé mit Karpfenmilch und Karpfenrogen. Und wenn man das „Gericht des Tages" bestellt, kann einem auch nicht viel passieren. Sollte doch einmal etwas schief gehen, so hilft in jedem Fall der ausgezeichnete koschere Slibowitz.

In der Nähe: der historisch bedeutsame Ostbahnhof Keleti pályaudvar und südlich davon der Kerepesi-Heldenfriedhof mit dem Kossuth-Mausoleum

SIPOS HALÁSZKERT

1033 Budapest, Fő tér 6, Tel. 1/388 87 45, kein Ruhetag
Preise: Mittelklasse, Küche: ungarische Hausmannskost mit Schwerpunkt Süßwasserfisch

Das auch in städtebaulicher Hinsicht vorbildlich revitalisierte Restaurantviertel am Fő tér (Hauptplatz) der Vorstadt Óbuda birgt so manche kulinarische Schätze, die sich bei einem Bummel übers Kopfsteinpflaster entdecken lassen. Einer davon ist zweifellos das Sipos, Budapests wohl urtümlichste Fischerpinte mit stimmungsvoller Zigeunermusik. Die Halászlé ist hier ebenso legendär wie die Karpfenspezialitäten und der berühmte Fisch in Rotwein, der, wie die meisten Wasserbewohner, die den Sprung auf die begehrten Sipos-Teller schaffen, sein Leben im Plattensee zugebracht hat. Tischreservierung ist empfehlenswert.

In der Nähe: Drei Museen – das Vasarely Múzeum, das Kassák Lajos Múzeum und das Varga Imre Múzeum – laden zu einem Kunstspaziergang durch Budapests hübschestes Vorstadtviertel

SZÁZÉVES ÉTTEREM
(Hundertjähriges Restaurant)

1052 Budapest, Pesti Barnabás utca 2, Tel. 1/318 36 08
kein Ruhetag, Preise: gehoben, Küche: klassisch ungarisch

Den Ehrentitel „Hundertjähriges Restaurant" erhielt das 1831 eröffnete Gasthaus zur Stadt Ofen schon beim Jubiläum 1931 und hat sich den Namen seither erhalten. Im Inneren betritt man ein klassisches Magnatenlokal, dessen Nischen allerdings so eng sind, dass sie nur gut trainierten Magnaten und schlanken Piroschkas Platz bieten. Wer weder zur einen noch zur anderen Sorte zählt, nimmt lieber im geräumigeren Gastzimmer Platz. An atmosphärischen Winkeln und Plätzen fehlt es auch hier nicht. Man fühlt sich wohl, und der liebenswürdige Service tut ein Übriges, dass es so bleibt. Wegen des Essens allein muss man allerdings nicht kommen. Hortobágyer Palatschinken, Gänseleber und Rehkeule munden wie anderswo auch, die Somlóer sind hingegen schon im gehobenen Segment.

In der Nähe: die belebte Einkaufsstraße Váci utca

SZÉP ILONA

1021 Budapest, Budakeszi út 1–3, Tel. 1/275 13 92
kein Ruhetag, Preise: sehr leistbar
Küche: ungarische Hausmannskost

Gleich neben dem chicen Remiz, am Ende einer viel befahrenen Tramwaylinie, liegt dieses altungarische Traditionslokal, in dem alles, was deftig und bodenständig ist, hochgehalten wird. Gleich neben dem Eingang weisen schöne alte Gasthausschilder auf die lange Vergangenheit dieses beliebten Ausflugslokals hin. Die Atmosphäre der über zwei Jahrhunderte alten Wirtschaft ist irgendwo zwischen Csárda und Trattoria angesiedelt. Ziegelwände wechseln mit Holzverschalungen ab. Bei der „schönen Ilona" lässt sich's jedenfalls gut sein und einmal so richtig „reinhauen", sei es mit Krautsuppe und Selchfleisch, geräucherter Rinderzunge, Gänseleberrisotto, Zwiebelrostbraten, Gänsekeule mit Erdäpfelschmarren, Linsengemüse mit Schweinskarree, Tafelspitz mit Essigkren oder mit zahlreichen sauren und süßen Schmankerln. Die Weine dazu sind einfach, aber gut – und ein Barack oder Unicum macht sich in diesem urtypischen (und von 11.30–22.00 Uhr durchgehend geöffneten) Gasthaus nach all den deftigen Genüssen besonders gut. Warnung für Empfindliche: Vorsicht, Knoblauchzone!

SZINDBÁD ÉTTEREM ÉS KLUB

1055 Budapest, Markó utca 33, Tel. 1/332 29 66
kein Ruhetag, Preise: gehoben
Küche: international und businesslike

Abenteuerlustige Gaumen, die hier ungarisch-orientalische Genüsse erwarten, werden enttäuscht. Denn das Szindbád ist nicht nach dem Weltumsegler aus 1001 Nacht benannt, sondern nach der Romanfigur des berühmten Budapester Schriftstellers und Bonvivants Gyula Krúdy, der in zahlreichen Restaurants der ungarischen Hauptstadt als kulinarischer Schutzgeist auftritt. Zielgruppe des 1986 gegründeten Kelleretablissements sind Business-Talker und Power-Luncher, die bei einem Drink in Clubatmosphäre die Speisekarte degustieren und dann ins sehr dezent und hübsch gestylte Restaurant übersiedeln, um sich an cognacgebeizter Gänseleber oder Avocados mit Shrimps, Beefsteak mit Dill und Schafkäsefüllung sowie exzellenten Weinen zu delektieren. Nicht sehr ungarisch, aber doch „very budapestian".

In der Nähe: Das Néprajzi Múzeum (Ethnografisches Museum) am Kossuth Lajos tér ist nur wenige Gehminuten entfernt.

VADRÓZSA ÉTTEREM

1025 Budapest, Pentelei Molnár utca 15, Tel. 1/326 58 17
kein Ruhetag, Preise: teuer, Küche: klassisch ungarisch

Über zwei Dinge sind sich die Budapester Taxifahrer völlig einig: 1. Dass man kaum irgendwo anders so gut isst wie hier, und 2. dass man hier als Budapester niemals im Leben hergehen würde, weil die Preise Schwindel erregend hoch sind (was im Verhältnis zum Budapester Durchschnittslohn auch stimmt). Das Vadrósza, zu deutsch Heckenrose, ist ein barockes Lustschlösschen in Budapests noblem Villenviertel, zu dessen Vorzügen neben der Ambiance, dem Klavierspieler, der appetitlichen Auswahl an Davidoff-Zigarren, dem freundlichen Service durch Patronne Margó Vetter (ihr Ehemann stammt aus Wien) und der spannenden Weinkarte auch eine gewisse Großzügigkeit im Umgang mit Malossol-Kaviar und Gänseleber zählt. Man kocht klassisch-ungarisch-mitteleuropäisch, will heißen: Freunde der „á point"-Nüsschen-Küche werden hier nicht unbedingt glücklich. Solche von Somlóer Nockerln finden sich jedoch plötzlich im siebenten Himmel wieder. Ornella Muti und Marcello Mastroianni waren übrigens auch schon hier.

VALENTINE (im Várkert Casino)

1013 Budapest, Ybl Mikós tér 9–11, Tel. 1/202 42 44
kein Ruhetag (nur abends geöffnet), Preise: hoch
Küche: kreativ-ungarisch und international

Küchenchef Frigyes Vamberg zählt ohne Zweifel zu den Shooting-Stars der ungarischen Metropole. Was er im 1869 gegründeten Várkert Casino unmittelbar am Donauufer auf die Teller zaubert, ist mehr als nur die übliche internationale Casino-Restaurantküche. Seine Fischküche ist superb, seine Kreationen zu Themen wie Lamm und Wild sind leicht und fernab jeglicher magyarischen Schwerblütigkeit. Wer letztere nicht liebt (oder aus Überlebensgründen scheut), kann hier einen sehr kulinarischen, wenngleich nicht wirklich unverwechselbar ungarischen Abend verleben.

Gleich daneben: Um das Budapester Historische Museum und die Ungarische Nationalgalerie am Szent György tér zu besichtigen, braucht man nur einen kleinen Park zu durchqueren. Auch das medizingeschichtlich bedeutende Semmelweis-Museum in der Apród utca ist gleich um die Ecke.

ESSEN IN DER UMGEBUNG VON BUDAPEST

Budajenő

TANTE SUSANNE ÉTTEREM

2093 Budajenő, Kossuth utca 59, Tel. 26/37 12 36,
Montag Ruhetag, Preise: sehr günstig,
Küche: ungarische Hausmannskost

Eine knappe halbe Autostunde westlich von Budapest (über Budakeszi und Telki in Richtung Perbál) liegt inmitten der Budaer Berge ein altes Bauernhaus im donauschwäbischen Stil, in dessen Stuben und Garten deftig-ungarisch (und vor allem stets frisch) aufgekocht wird. Die Atmosphäre ist sehr familiär, die Weine aus den Budaer Bergen sind umkompliziert, und vor allem zur Wildsaison läuft Tante Susanne (so heißt die Frau des Besitzers) bei Hirschgulaschsuppe und Rehbraten zu Hochform auf. Wenn sie angeboten werden, sollte man unbedingt die Kalbskutteln probieren. Unvergleichlich: die Mohn-Powidl-Palatschinken.

In der Nähe: Die 1000-Seelen-Gemeinde Budajenő verfügt über eine schöne barocke Pfarrkirche mit Zopfaltar sowie eine Friedhofskapelle aus dem 11. Jahrhundert, die zu den ältesten Kirchen Ungarns zählt und Sakristeischnitzereien aus dem 12. Jahrhundert birgt.

Mór

FOGADÓ AZ ÖREG PRÉSHEZ (Zur Alten Weinpresse)

8060 Mór, Arany János utca 4, Tel. 22/40 86 92
kein Ruhetag, Preise: günstig
Küche: klassisch bis international

„Gasthof" ist auf dem schmiedeeisernen Hauszeichen zu lesen, das eine Weinpresse zeigt – und das erste Haus am Platz der Kleinstadt am Westfuß des Vértesgebirges nördlich der alten Krönungsstadt Székesfehérvár ist auch fest in deutschsprachiger Hand. Die Seele dieses Hauses ist die vervige Elisabeth Möllemann, die den vorbildlich revitalisierten, über dreihundert Jahre alten Gasthof gemeinsam mit ihrem Mann Günter führt und die im weiten Umkreis jeder kennt, da sie eine echte Seele des Gemeinde- und Winzerlebens ist. Verständigungsprobleme gibt es hier keine, und die große Speisekarte offeriert obendrein eine oft recht einfallsreiche Süßwasserfisch- und Wildküche, die perfekt zu den feinen Mórer Weinen passt. Die Kultur der Donauschwaben wird auch in einem liebevoll eingerichteten Hausmuseum hochgehalten. Für „Sitzenbleiber" (und wer wollte hier nicht länger verweilen?) gibt es sehr schöne Gästezimmer.

In der Nähe: Neben einer alten Kellergasse und einem kleinen Weinmuseum kann man im barocken Lamberg-Schloss ein schönes Heimatmuseum besichtigen. Sehenswert ist auch die Kapuzinerkirche aus dem 18. Jahrhundert.

Piliscsaba

ZAKEUS ÉTTEREM

2087 Piliscsaba-Klotildliget, Egyetem utca 1
Tel. 26/37 51 47, kein Ruhetag, Preise: Mittelklasse
Küche: international

Bibelfeste aufgepasst! – Ja genau, nach dem Zöllner Zakeus aus dem Lukas-Evangelium ist es benannt, dieses modern und in epikureischer Kargheit eingerichtete Restaurant, das eigentlich eine Universitäts-Mensa sein sollte und zur Katholischen Pázmány Péter Universität von Piliscsaba (westlich von Budapest auf der Bundesstraße 10 Richtung Pilisvörösvár) gehört. Mittlerweile ist daraus jedoch ein echter Geheimtipp geworden. Was sich hinter Gerichten wie Zakeus-Roulade und dem Himmel-und-Erde-Steak verbirgt, sollte der gastrosophische Wanderer jedoch lieber selber ergründen.

In der Nähe: Die auf dem Areal einer ehemaligen Kaserne errichtete Pázmány Péter Universität ist ein Meisterwerk moderner ungarischer Architektur und stammt aus der Makovecz-Schule. Einen herrlichen Rundblick genießt man vom nahen Dolomitfelsen von Csabai-torony.

Szentendre

ARANYSÁRKÁNY VENDÉGLŐ (Zum Goldenen Drachen)

2000 Szentendre, Alkotmány utca 1/a, Tel. 26/31 16 70
kein Ruhetag, Preise: obere Mittelklasse
Küche: ungarisch mit internationalen Akzenten

Szentendre, die zwanzig Kilometer nördlich von Budapest direkt am Ufer eines Donauarms gelegene Künstlermetropole und „Stadt der 7 Kirchen und 22 Museen" birgt alleine im Zentrum über fünfzig Restaurants. Der Goldene Drache, der in einer kleinen Seitengasse neben dem Hauptplatz liegt, ist sicherlich das bekannteste davon. Es ist das Reich Attila Máhrs, eines Autodidakt, der diesen Betrieb im Jahr 1977 in einem restaurierten alten Gebäude als erstes privates Restaurant Ungarns eröffnete. Damals stand es im Ruf, in seiner Schauküche so etwas wie eine „Nouvelle Cuisine á l'hongroise“ zu bieten. Kreationen wie „Drachenkraftbrühe“, Pfeffersteak oder „Opiumpudding“ lassen an dieser Vergangenheit freilich berechtigte Zweifel aufkommen. Gerichte wie geräucherte Gänseleber, Taube in der Walnusskruste, die aparte Knoblauch-Käseplatte sowie die hervorragende Weinkarte machen allerdings manches von dem, was dem Goldenen Drachen an Feuer verloren gegangen sein mag, wieder wett. Und Laura Bush war auch schon da.

Szentendre lockt Besucher mit seinen kopfsteingepflasterten Gassen, den schiefen Stiegen und reizvollen Plätzen. Der Goldene Drache ist hier das zweifellos berühmteste Restaurant.

In der Nähe: Das ethnografische Freilichtmuseum ist mit Bus oder Taxi zu erreichen und vermittelt einen umfassenden Einblick in Lebens- und Küchenkultur früherer Zeiten. Außerdem laden zahlreiche Kunstgalerien (z. B. das Ferenczy Múzeum, die Kunst-Mühle Művészet Malom oder das Kovács Margit Keramikmuseum zur Besichtigung ein.

CHEZ NICOLAS

2000 Szentendre
Kigyó utca 10
Tel. 26/31 12 88
Preise: gehoben,
Küche: ungarisch mit
zeitgemäßen Akzenten

Die Frage, warum man wirklich die vielen Stufen von der Donau hinaufsteigen soll, um mitten in Ungarn ausgerechnet französisch zu essen, lässt sich leicht beantworten: Man isst im Chez Nicolas nicht französisch, sondern eine marktfrische ungarische Küche mit internationalen Einsprengseln, die der Küchenchef des Hauses von seiner Zeit als Koch in einem Budapester Nobelhotel mitgebracht hat. In der warmen Jahreszeit sollte man bei der Vorbestellung dazusagen, dass man auf der kleinen Terrasse sitzen möchte, von der man auf die Donau sieht. Aber auch im Inneren kann man recht heimelig eine Szentendre Hühnersuppe mit verschiedenerlei Karotten, eine gute Halászlé, Gänsebraten mit Zwiebelerdäpfeln oder sündhaft gute Somlóer Nockerln genießen.

Ungarns größter Dom steht in Esztergom und ist Pflicht und Kür jedes Ungarnbesuchs.

LABIRINTUS BORMÚZEUM ÉS ÉTTEREM

2000 Szentendre, Bogdányi utca 10, Tel. 26/31 70 54
kein Ruhetag, Preise: moderat
Küche: ungarisch mit internationalen Akzenten

Lassen Sie sich von dem Begriff „Múzeum" nicht irritieren, denn das Labirintus ist, obwohl es auch allerlei zu zeigen hat, alles andere als eine akademisch-museale Angelegenheit. In den 250 Meter langen Kellergängen des dreihundert Jahre alten Weinkellers werden zwar jede Menge önohistorischer Exponate gezeigt, doch hier hat noch jede Führung in konkrete Verkostungspraxis gemündet, die einem die 22 ungarischen Weinregionen vor dem Hintergrund einer mit 380 Etiketten exzellent sortierten Weinkarte von „Weindoktor" György Krix höchst gaumennah präsentiert. Dass vom wirklich zuvorkommenden Service dazu auch einfache, aber sorgfältig zubereitete Gerichte wie Schneckengratin, Balatonzander, Knoblauchpilze, Hirschbraten oder feine Käse kredenzt werden, lässt der Weinprobe schließlich ein durchaus zufrieden stellendes Küchenexempel folgen.

Vác

MOMO

2600 Vác, Timár utca 9, Tel. 27/30 67 77, kein Ruhetag
Preise: gehoben, Küche: hungaro-hispanophil

Der Patron dieses blitzsauberen gastronomischen Anwesens ist ein Deutscher und Michael-Ende-Fan, der etliche ungarische Weingüter besitzt und auch ein entsprechendes Auge auf die Klasse seiner Weinkarte hat. In der Schauküche führt hingegen ein waschechter Ungar das Kommando, der auf den Kanarischen Inseln die große weite Welt kennen gelernt hat. Am Wasser liegt seine neue Bleibe auch, allerdings an jenem Donauarm, der durch eine Fähre mit der schlauchförmigen Szentendre-Insel verbunden ist. Wer bisher noch nicht wusste, was ungarische Tapas sein können – hier erfährt er es dank eines opulenten Angebots in der Vorspeisenvitrine, dessen Ingredienzien durchweg aus Ungarn stammen. Schon etwas spanischer kommt einem dann die Paella vor, die – zumal dann, wenn man sie auf der sonnendurchfluteten Terrasse an der „Waterfront“ verspeist – fast maritime Gefühle aufkommen lässt.

WEINE IN UND RUND UM BUDAPEST

Die Weinrieden in den Budaer Bergen wurden durch das 1997 in Kraft getretene neue ungarische Weingesetz der etwas weiter südwestlich gelegenen, aber stilistisch durchaus wesensverwandten **Weinbauregion Etyek** zugeschlagen, die seither Etyek-Buda heißt. Die wichtigsten Weinorte in den Budaer Bergen sind Budajenő, Tök und Üröm. Meist handelt es sich um keine „großen Weine“, sondern um gute Trink- und Tischweine wie etwa den Budai Irsai Olivér oder die Budai Cuvée aus der verlässlichen Nyakas Pince in Tök. In Etyek sind Kúria Borgazdaság und das Weingut von Hernyák László empfehlenswerte Adressen.
Das **Weinbaugebiet Mór** liegt etwas weiter westlich von Budapest nordöstlich des Balaton und ist vor allem für den Anbau autochthoner Rebsorten wie Tausendgut (Ezerjó) und Mädchentraube (Leányka) bekannt. Die Weine sind prickelnd und duftig. Überregional bekannt ist vor allem die Familienkellerei Bozóki in Mór.
Unmittelbart an die Mórer Weinberge schließt im Norden das Weinbaugebiet **Ászár-Neszmély** an, wo neben dem autochthonen Irsai Olivér Traminer und Welschriesling, in den letzten Jahren vor allem auch Chardonnay ausgepflanzt wurde. Die geschützten Südhänge zwischen der Donau und dem transdanubischen Mittelgebirge sorgen für duftig-aromatische Weine, denen das oft recht windige Klima jedoch eine gewisse, süffig-herbe Note verleiht. Bekannte Produzenten sind u. a. das Familienweingut Szöllösi in Neszmély sowie die in Budapest selbst ansässige Hilltop-Großkellerei.

Ein SEE für jede Jahreszeit

**Vom Plattensee
bis zum Bakonyer Wald**

Das Mittelmeer der Tiefebene

Mit einer Wasseroberfläche von fast sechshundert Quadratkilometern ist das „ungarische Meer" der größte See Mitteleuropas. Er ist nicht besonders tief, aber doch wesentlich tiefer als der österreichische Neusiedler See und damit als Badesee noch besser geeignet. Nicht zuletzt deshalb war der Balaton schon zu Kaisers Zeiten der ungarische Lido schlechthin und ist bis auf den heutigen Tag keineswegs nur bei den Ungarn, sondern auch bei Gästen aus aller Welt, vor allem aber aus Deutschland und Österreich, ein absoluter Urlaubsfavorit geblieben. Gründe dafür gibt es genug: Da ist etwa das milde, extrem sonnige, nahezu mediterrane Klima, in dem sogar Mandelbäume, Feigen und Granatäpfel gedeihen. Und dann sind da die vulkanischen Basaltböden, die den Weinen – vor allem den Weißweinen – der Region das verleihen, was die Ungarn gerne als „Feuer" bezeichnen. Sie passen perfekt zur Küche der Gegend, die freilich als „mediterran" zu bezeichnen schon etwas vermessen wäre. Dazu ist sie, wenngleich sie absolut ihre geschmacklichen Meriten hat, doch wohl zu wenig leichtfüßig.

Schon während der Epoche der Donaumonarchie galt der Balaton jedoch als wahres Schlaraffenland. Er war für seine Fischküche ebenso berühmt wie für Wild und Pilze aus den nördlich des Sees gelegenen Bakony-Bergen, wo man die berühmten „Bagauner" züchtete, jene unerhört fetten und dadurch auch äußerst geschmackvollen Schweine, die auf den Märkten der Kaiserstadt Wien heiß begehrt waren.

Berühmt für seinen Fischreichtum: der Balaton, das „ungarische Meer".

Von Zandern, Wallern und Messerfischen

Doch beginnen wir nicht mit den Schweinen, sondern mit den Fischen. UngarischeKöche verstehen sie meist so zuzubereiten, dass der Kalorienvorteil, den sie dem roten Fleisch gegenüber haben mögen, angesichts der dazu servierten Specknudeln und rahmigen Paprikasaucen oft schneller verblasst, als dem bewussten Genießer lieb ist. Doch Generosität ist in Ungarn nicht nur ein Merkmal jeglicher Gastfreundschaft, sondern auch eines der Küche, und wer die Balatonküche so richtig genießen will, der sollte sich einfach damit abfinden, dass er nach seiner Rückkehr in die Heimat ein paar Obst- oder Joghurttage einlegen muss. Es wäre schade um die kulinarischen Freuden, die man sich ansonsten entgehen ließe.

Dabei fällt einem echten Ungarn zum Thema Plattensee keineswegs nur der berühmte Balatonzander (Fogas) ein, den es – oft in schönen, zwei bis drei Kilogramm schwe-

Ob zu Wasser oder zu Lande: seelenhygienische Wirkung hat der Balaton mit seinen romantischen Lichtstimmungen allemal.

ren Exemplaren – in den letzten Jahren immer häufiger auch frisch und nicht nur, wie zu Zeiten des Gulaschkommunismus, aus dem „Eismeer" gibt. Ähnliches gilt für den Waller, von dem, wie Balatonfischer glaubhaft versichern, sogar einige Prachtstücke im See schwimmen, die bis zu zwei Meter lang und entsprechend schwer sind. Essen will sie freilich niemand, denn da hält man sich lieber an die kleineren und nicht minder fleischigen Exemplare, die sich so gut in einem feurigen Paprikás machen. (Ein Paprikás wird – für Ungarn-Anfänger sei es gesagt – im Gegensatz zum Gulyás und zum Pörkölt immer mit Rahm oder Obers zubereitet.)

Zu den typischen Balatonfischen zählen auch Hechte, Karpfen und Aale sowie zahlreiche Kleinfische, die zwar der Tradition nach in eine echte Balaton-Fischsuppe gehören würden, dort aber im gastronomischen Alltag leider nur selten zu finden sind. Wahre Kenner reisen daher um Mitte Oktober in diese Gegend, wenn der so genannte „Messerfischzug" beginnt. Bis heute hält man sich dabei an den seit Jahrhunderten bewahrten Brauch, am höchsten Punkt der Halbinsel Tihany einen Wachtposten aufzustellen. Sobald dieser vermeldet, dass sich der Wasserspiegel verdunkelt und die Wellen sich seltsam kräuseln, beginnt der große Fischfang. Jetzt nämlich ziehen ungezählte Exemplare der maximal 250 g schweren Messerfische zu ihren Laichplätzen, und gerade zu diesem Zeitpunkt schmecken sie auch am feinsten. Der wunderbare Fischfang wird teils, ähnlich wie Salzheringe, in Gläsern konserviert – besser brät man sie freilich gleich vor Ort am Rebstockgrill.

Ein geradezu mediterranes Klima lockt nicht nur Ungarn hierher.

berühmte Linsensuppe verkosten kann, die dem Freibeuter der Wälder einst die Kraft für seine Umverteilungs-Raubzüge gab.

Die Betyáren dienten nicht nur ungarischen Literaten als Quell stetiger Inspiration, sondern verstanden es auch, der Damenwelt die Köpfe zu verdrehen, weshalb man einen Casanova in Ungarn heute noch als *betyár* bezeichnet. Wirklich lebendig geblieben sind die Betyáren jedoch weder in der Literatur noch in der Erotik, sondern in der Gastronomie, in der man immer noch zahlreiche klassische Betyárengerichte findet. Neben der klassischen Betyárensuppe gibt es da etwa auch noch das „gebügelte Huhn", das verblüffend an das mit Rosmarin gebratene „Pollo al diavolo" der italienischen Carbonari erinnert und damit die alte Theorie, dass die beiden rot-weiß-grünen Länder viel miteinander gemeinsam haben, einmal mehr bestätigt. Während die Italiener das Huhn jedoch mit einem Ziegel beschweren, setzen die in jeder Hinsicht durchschlagskräftigeren Betyáren-Nachfolger am liebsten ein mit Holzkohle befeuertes Bügeleisen darauf. Ein typisches Gericht sind auch die Betyárenpalatschinken, für die man einen dünnen Palatschinkenteig mit einem Ragout aus Hühnerfleisch, Zwiebel und Paprika füllt und vor dem Servieren in einer Kupferpfanne mit Rum flambiert.

Auf den Spuren der Betyáren

Auf Betyárenschenken stößt man in Ungarn allenthalben, am Balaton jedoch ganz besonders oft. Des Rätsels Lösung birgt der nördlich des Sees gelegene Bakonyer Wald, der noch im 19. Jahrhundert eine schier undurchdringliche Wildnis war und in dem nicht nur die bereits erwähnten Bagaunerschweine gezüchtet wurden, sondern auch die Räuber umgingen. Nichts anderes als „Wegelagerer" oder „Strauchdieb" bedeutet das Wörtchen *betyár* nämlich. Doch es waren, auch wenn sie so manches Unheil stifteten, keine wirklich bösen Räuber, von denen hier die Rede sein soll, und der Bakonyer Wald erzielte durchaus Annäherungswerte an Robin Hood's Sherwood Forest. Der ungarische Robin Hood hieß übrigens Jóska Savanyú und pflegte sich vor seinen Häschern in der heute noch bestehenden **Betyár Csárda** von Nemesvámos (Csárda fő tér 1, Tel. 88/26 50 87) zu verstecken, wo man bis heute jene

LINSENSUPPE NEMESVÁMOSER ART

Zutaten: *750 g geselchte Schweinsrippchen 400 g Linsen, 1 Zwiebel, 1 TL gehackter Estragon 1 Msp. schwarzer Pfeffer, 1 Msp. gemahlener Kümmel 1 Paprikaschote, 1 Tomate, 80 g Entenschmalz 2 EL Mehl, 10 g Zucker, 2 Knoblauchzehen, 1 Bund Petersilie, 1 Bund Suppengrün, 1/2 TL Delikatesspaprika 1/8 l Rotwein, 1 EL Senf, 1 EL Estragonessig, Salz 200 ml Sauerrahm, Estragonblätter zum Garnieren*

Zubereitung: Rippchen an den Knochen auseinanderschneiden, mehrere Stunden lang, um überschüssiges Salz zu entziehen, wässern. Linsen über Nacht in Wasser einweichen. Zwiebel fein hacken und zusammen mit den Rippchen, Estragon, Pfeffer, Kümmel, Paprikaschote und Tomate in reichlich kaltem Wasser ansetzen und etwa ein bis anderthalb Stunden leicht sprudelnd gar kochen. Anschließend Schmalz erhitzen und darin Mehl sowie Zucker rösten. Pfanne vom Herd nehmen, zerdrückten Knoblauch, fein gehackte Petersilien- und Sellerieblätter sowie Paprikapulver unterrühren und diese Mischung unter die Linsensuppe rühren, bis sie schön sämig wird. Mit Rotwein und Senf nochmals aufkochen, mit Essig abschmecken und eventuell nachsalzen. Am Schluss noch den Sauerrahm unterrühren und die Suppe vor dem Anrichten mit gehacktem Estragon bestreuen.

WACHTELPAPRIKÁS AUF BAKONYER ART

Zutaten: *6 Wachteln, 250 g gemischte Waldpilze 100 g Räucherspeck, 1 EL Gänseschmalz, 1 Zwiebel 1 grüne Paprikaschote, 2 Tomaten, 150 ml Sauerrahm 100 ml Obers, 1 EL Mehl, 1 EL mildes bis halbscharfes Paprikapulver, 6 Wachteleier*

Zubereitung: Würfelig geschnittenen Speck in wenig Gänseschmalz (ca. 1/2 EL) auslassen. Fein gehackte Zwiebel und halbierte Wachteln darin rundum anbraten. Pfanne vom Feuer nehmen, Paprikapulver über die Wachteln streuen, salzen und mit wenig Wasser aufgießen. Zudecken und ca. 15 Minuten auf kleiner Flamme dünsten lassen, bis das Wasser verdampft ist. Grob gehackte Pilze, Tomaten sowie Paprikaschoten hinzufügen und weitere 10 Minuten dünsten lassen. Sauerrahm, Obers sowie Mehl versprudeln und über die Wachteln gießen. Nochmals 5 Minuten dünsten lassen und währenddessen im restlichen Gänseschmalz 6 Wachtelspiegeleier braten. Das Wachtelpaprikás mit den Spiegeleiern dekorieren und mit in Butter geschwenkten Zupfnockerln (aus 500 g gesiebtem Mehl, Salz, 2 Eiern und einem guten 1/4 l Milch) servieren.

Nach Bakonyer Art

Der Bakonyer Wald hat aber nicht nur nur die Betyáren (und obendrein eine bemerkenswerte Schule der Holzschnitzkunst) hervorgebracht, sondern auch eine spezielle Garnitur, die man für viele Gerichte verwenden kann. Ob Fisch, Schwein, Wild, Geflügel oder Gemüse – auf Bakonyer Art werden diese Grundzutaten so gut wie immer mit Zwiebeln, Waldpilzen (oder Champignons), Paprikaschoten, Tomaten sowie gemischtem Süß- und Sauerrahm zubereitet – und meist kommt, damit das opulente Vergnügen perfekt wird, auch etwas Speck (idealerweise natürlich vom Bakonyer Schwein) dazu.

ZANDER AUF BAKONYER ART

Zutaten: *4 Zanderfilets à 180 g, möglichst aus der Mitte geschnitten 1 Schuss Zitronensaft, Salz, Pfeffer, etwas Mehl, 2 EL Maiskeimöl*
Für die Sauce: *2 rote Paprikaschoten, 150 g Waldpilze (Steinpilze Eierschwammerl o. ä.) 2 EL gekochte Maiskörner, 1 Zwiebel, 1 EL Butter 80 g kleinwürfelig geschnittener Speck, etwas trockener Weißwein 100 ml Fischfond oder Gemüsesuppe, 1 KL Delikatess-Paprika, 1 EL Tomatenmark, 1 Schuss Essig oder Weißwein, 1 Prise Zucker, 100 ml Obers*

Zubereitung: Die Zanderfilets nach Möglichkeit entgräten, mit Zitronensaft einreiben, salzen, leicht pfeffern und auf der Hautseite leicht bemehlen. Maiskeimöl stark erhitzen, Zander mit der Hautseite nach unten ins Fett legen und braten, bis die Haut cross und der Zander fast durch ist. Dann umdrehen, noch eine halbe Minute weiter braten, aus der Pfanne nehmen und warm stellen. In der Zwischenzeit die Paprikaschoten pochieren und die Haut abziehen. Speckwürfel in Butter zerlassen und gehackte Zwiebel darin leicht bräunen, mit Weißwein und Fischfond oder Gemüsesuppe ablöschen. Die streifenförmig geschnittene Paprikaschote und die fein gehackten hinzufügen, Hitze reduzieren und das Paprikapulver sowie das Tomatenmark einrühren. Alles ca. 20 Minuten langsam weich dünsten. Bei Bedarf etwas Flüssigkeit nachgießen. Mit Essig oder Weißwein und Zucker abschmecken, Obers hinzufügen und alles auf eine sämige Konsistenz einkochen lassen. Sauce im Blitzcutter aufmixen oder durch die „Flotte Lotte" passieren und rund um die cross gebratenen Zanderfilets anrichten. Mit abgeschmalzten Spiralennudeln oder Nudelflecken servieren.

Mindestens ebenso wichtig wie das Fleisch sind für die Küche des Bakonyer Waldes jedoch die Pilze, die sich in den Wäldern rund um den Balaton mit etwas Glück in großer Zahl finden lassen. Neben den Klassikern wie Steinpilze und Eierschwammerl finden Pilzspürnasen auch Seitlinge, weiße Morcheln und sogar Trüffeln. Die Pilzküche der Region ist entsprechend vielschichtig und geht weit über die übliche Schwammerlsauce und Schwammerlsuppe hinaus. So werden klein geschnittene Pilze hier auch besonders gerne in Weinblättern gedünstet, als Füllung für Zanderfilet verwendet oder mit Zwiebeln und Hirn geröstet, bevor man sie dann auf Schwarzbrottoasts serviert. Köstlich munden auch die Bakonyer Pilzpalatschinken, die zunächst mit einem Ragout aus Pilzen, Rahm, Petersilie und Zwiebeln gefüllt und vor dem Servieren mit der klassischen Sauce nach Bakonyer Art übergossen werden. Dazu noch ein Gläschen Badacsonyerwein – und das Schlaraffenland rund um den Plattensee ist perfekt.

Badacsony

ÓBESTER PANZIÓ (Inge és Péter Horváth)

8261 Badacsonytomaj
Római út 177
Tel. 87/431 18
kein Ruhetag
Preise: vernünftig,
Küche:
deutsch-ungarisch

Schöner als hier am Fuße des 437 Meter hohen Basaltbergs Badacsony kann man am Balaton kaum essen und wohnen. Der Panoramablick von diesem inmitten der Badacsonyer Weinberge gelegenen Anwesen führt weit über den Plattensee, und die Küche in dem geduckten und gemütlichen altungarischen Bauernhaus ist wie die Nationalität der Wirtsleute, nämlich deutsch-ungarisch. Péter Horvath merkt man alleine schon an seinem perfekt gezwirbelten *bajusz*-Schnurrbart die strenge Schule des Budapester Gundel an, wo er früher als Kellner gearbeitet hat. Im zweistöckigen Keller des Hauses lagern etliche edle Tropfen, darunter jene der berühmten Szent Orbán Pince von Huba Szeremley, die gleich in der Nähe liegt und von der man vor allem den köstlichen Szürkebarát probieren sollte.

In der Nähe: Die im neoromanischen Stil erbauten Badacsonyer Kirche aus schwarzem Basaltstein ist eine weltweite Rarität. Ein Abstecher lohnt sich auch in die **Bacchus Weinhöhle & Vinothek** (8261 Badacsony, Kossuth Lajos utca 1, Tel: 87/43 15 43.) Nur nach entsprechender Voranmeldung kommt man in den Genuss einer Weinkost bei Huba Szeremley: **Szent Orbán Pince,** Fő út 41, 8258 Badacsonytomaj (Tel. 87/57 12 10).

Solide und relativ preiswerte Fischküche in Badacsony findet man im **Halászkert Restaurant**, das in der Park utca 5 (Tel. 87/43 10 54) liegt, und eine verlässliche Küche mit Weinstockgrill bietet bei besonders schöner Aussicht das nach dem gleichnamigen Lyriker benannte **Kisfaludy-Haus** aus dem Jahr 1790 in der Szegedy Róza utca 87 (Tel. 87/431 01).

Balatonfenyves

HUBERTUS-HOF SZÁLLODA ÉS ÉTTEREM (Jagd- und Reithotel)

8646 Balatonfenyves, Nimród utca 1, Tel. 85/46 09 61
kein Ruhetag, Preise: gehobene Mittelklasse
Küche: klassische ungarische Wildküche
Info: www.hubertus.hu

Der Nimrod-Stützpunkt Nummer eins im großen Balaton-Jagdrevier hat, von sehr schönen und komfortablen Zimmern über Sauna und Park bis zu Gestüt, Reitstall mit Mietboxen, Reithalle, Parcours und Pferdekutschenfahr-

TAUBEN IN BLAUSTÄNGLER

Zutaten: *2 junge Tauben, 6 Pimentkörner (Neugewürz) 4 Pfefferkörner, 6 zerdrückte Wacholderbeeren 3 Gewürznelken, 180 ml Blaustängler (Kéknyelű) oder ein anderer würziger Weißwein, reichlich schwarzer Pfeffer aus der Mühle, 4 EL Butter, Salz*

Zubereitung: Tauben zuputzen, waschen und trockentupfen. Anschließend am Rücken aufschneiden und so gut wie möglich entbeinen. Alle Gewürze in etwa 1/2 l Wasser 20 Minuten kochen lassen, abkühlen und dann den Wein hinzufügen. Tauben in dieser Marinade unter mehrmaligem Wenden mindestens einen Tag im Kühlschrank ziehen lassen. Dann aus der Beize nehmen, trockentupfen, innen und außen salzen und pfeffern und in geschmolzener Butter rundum scharf anbraten. Tauben, sobald ihre Haut leicht goldbraun ist, in eine andere Kasserolle umstechen und im auf 180 °C vorgeheizten Rohr 15–20 Minuten braten. Danach Ofentür öffnen und Tauben noch kurz nachziehen lassen. Inzwischen Bratensatz mit Beize ablöschen, dieselbe stark einreduzieren und darin Erbsen und Karfiol zart andünsten. Das Gemüse mit etwas Petersilie bestreuen und zu den Tauben servieren.

ten, allerlei zu bieten. Erfreulicherweise findet man hier, nur zehn Gehminuten vom Balaton-Südufer entfernt, auch eine Küche, die mehr als nur bemüht ist. In ihrem Mittelpunkt stehen – fast möchte man sagen: naturgemäß – Gerichte von Fasan, Hirsch, Wildschwein, Wachtel und Waldgenossen. Die Zubereitung ist durchweg klassisch-konservativ, aber das sind die meisten Gäste, die in den jagdlich eingerichteten Stuben einkehren, ja auch.

In der Nähe: Eine romantische Schmalspurbahn fährt vom Hotel aus ins sehenswerte Thermalbad Csisztapuszta. Das seit den 1950er Jahren auf 76-cm-Schienen laufende Eisenbahnjuwel wurde ursprünglich als Betriebsbahn des ehemaligen Balaton-Nagyberek-Staatsgutes konzipiert und dient heute (zuweilen auch mit Dampflok) vor allem touristischen Zwecken. Die Bahn führt mitten durch den Nagyberek, ein am Südufer des Balaton gelegenes, 23 Kilometer langes wildromantisches Sumpfgebiet, zu dem auch das wegen seiner außerordentlichen Fauna und Flora bekannte Fehérvízi-Moor zählt, das sich vorzugsweise mit dem Fahrrad erschließen lässt.

Balatonfüred

HALÁSZKERT ÉTTEREM

8230 Balatonfüred, Zákonyi utca 3, Tel. 87/34 30 39
kein Ruhetag (von Mitte Dezember bis Ende Februar geschlossen), Preise: obere Mittelklasse
Küche: klassisch ungarisch mit vielen Fischspezialitäten

Vorsicht: Halászkert oder so ähnlich heißen in diesem Teil Ungarns sehr viele Lokale, denn *halász* bedeutet nichts anders als Fischer. Süßwasserbewohner sind daher auch die Hauptdarsteller dieses sauberen, modernen und ohne urtümliche Accessoires wie Fischernetze, Zelte und Ziehbrunnen auskommenden Etablissements im Zentrum der alten Kurmetropole. Neben wohlschmeckenden Klassikern wie Balatonhalászlé vom Wels, Zander im Ganzen, am Spieß oder auf Karpatenart oder Froschschenkeln mit Knoblauch gibt es auch viele fleischliche Grillspezialitäten vom Holzteller, Rindslende mit Gänseleber in Egerweinsauce sowie kalte Pfirsichsuppe mit Schlagobers. Und vom malerischen Balatonherbst lässt sich die Küche auch zu zahlreichen Kürbis- und Wildgerichten inspirieren.

In der Nähe: Ein Besuch der auf altrömischen Grundfesten errichteten und 1211 erstmals erwähnte St. Michaelskirche ist ebenso obligatorisch wie ein Abstecher zum aus dem Jahr 1853 stammenden Brunnenhaus der Lajos-Kossuth-Quelle. Für einen Verdauungsspaziergang eignet sich die durch einen Skulpturenpark führende und nach dem seinerzeit hier kurenden Literaturnobelpreisträger benannte Rabindranath-Tagore-Promenade. Weitere Ausflüge führen ins romantische Koloskatal, an dessen Talbeginn man sich in der empfehlenswerten **Koloska Csárda** laben kann, wo der Entenbraten wie im Schlaraffenland mit einem Messer im Rücken serviert wird (Koloska-völgy, Handy: +36/30/267 54 54; im Winter geschlossen).
Von hier geht's dann taleinwärts weiter zur Koloskaquelle, der Lóczy-Höhle oder auf die nach dem Schriftsteller Mór Jókai benannte Aussichtswarte. Auf Kaffee und Kuchen geht man in dieser alten Fin-de-Siècle-Metropole am besten im traditionsreich-nostalgischen **Bergmann-Café** in der Petőfi Sándor utca 64. Nostalgisch essen und wohnen kann man auch in der Villa von Blaha Lujza (87/58 12 10), einer berühmten Primadonna, die als „Nachtigall der Nation“ galt und von 1893–1916 in der heute nach ihr benannten Straße lebte.

Balatonszemes

KISTÜCSÖK ÉTTEREM (Zur Kleinen Grille)

8636 Balatonszemes, Bajcsy-Zsilinszky utca 25
Tel. 84/36 01 33, kein Ruhetag, Preise: Mittelklasse
Küche: klassisch ungarisch, Info: www.kistucsok.hu

Am südlichen Balatonufer liegt dieser alte Postgasthof mit seinem schattigen Kastaniengarten, der sich vor allem der Hebung der Weinkultur und einer zwar nicht anspruchsvollen, aber doch ambitionierten Küche verschrieben hat. Nach der im eigenen Fett eingelegten Gänseleber kann man hier beispielsweise exzellentes gefülltes Kraut, ein köstliches Welspaprikás mit Topfenfleckerln, einen im Ganzen gebratenen Balatonzander, eine gegrillte Gänseleber mit gebackenem Apfel oder eine gar verführerische Topfenhaluschka mit Grammeln (hier als Dessert gereicht) genießen. Stolz des Hauses ist der begehbare und aus dreizehn ungarischen Regionen blendend sortierte Weinkeller mit 150 Etiketten. Auch die Zigarrenauswahl verdient Erwähnung.

Gleich gegenüber: das Postmuseum in der alten Poststation auf Nummer 36

Csopak

DOBÓ VENDÉGLŐ

8229 Csopak, Kossuth utca 103, Tel. 87/44 64 25
kein Ruhetag, Preise: moderat, Küche: klassisch ungarisch

In einem zweihundert Jahre alten Winzerhaus mitten in einem der schönsten Weinorte der Balatonregion kommen neben Romantikern auch Weinspürnasen voll auf ihre Rechnung. Karte und Auswahl sind gediegen, die Preise vernünftig. Die Küche mag ihre Schwankungen haben, ist aber mit Gerichten wie Wallergulasch oder Kaninchen auf Jägerart durchaus in der Lage, den feinen Csopaker Weinen die nötige „Unterlage“ zu verschaffen.

In der Nähe: Neben dem als Csopaker Wahrzeichen geltenden „Stumpfen Turm“ und der sehenswerten mittelalterlichen Kirchenruine findet man hier auch die letzte intakte Wassermühle der Region. An die alte Mühlenherrlichkeit erinnert auch die **Malom Csárda** an der

Hier kommen Romantiker ebenso auf ihre Kosten wie Weinliebhaber: Dobó vendeglő in Csopak, einem der schönsten Weinorte der Balatonregion

Ortsausfahrt in der Veszprémi út (Tel. 87/44 60 63), in der sich Liebhaber von Piroska-Idyllen bei hausgemachter Salami sicherlich wohl fühlen werden. Weinschmecker sollten Csopak indessen nicht verlassen, ohne István Jásdis ehemaligem **Bischofsweingut** (Arany János utca 2, Tel. 87/44 64 52) einen Besuch abgestattet zu haben, das als eines der schönsten der ganzen Region gilt. Jásdi, Winzer des Jahres 2001, führt den Betrieb wie ein französisches Château und machte zwar vor allem mit seinem Chardonnay Furore, keltert aber auch einen trinkenswerten autochthonen Cserszegi Fűszeres.

Felsőörs

UDVARHÁZ ÉTTEREM,

8227 Felsőörs Fő utca 22, Tel. 87/47 75 21
Handy: 0036/30/247 23 43, kein Ruhetag
(im Jänner und Februar nur gegen Voranmeldung)
Preise: moderat, Küche: ungarisch-transsilvanisch

So ein schmuckes Bauernhäuschen am Balaton, das hätte wohl jeder gern für sich zur Verfügung, der auch nur ein bisschen hungarophil ist: Weiße Wände, fein gedrechselte Truhen, alte Gerätschaften aus der Bauzeit um 1860 – einfache, aber stimmungsvolle Einrichtung, immer authentisch und niemals überladen. Seit zehn Jahren ist dieses historische Juwel bei Patron György Vértes jedenfalls in den richtigen – nämlich äußerst umsichtigen – Händen gelandet, und die Küche ist es bei Tante Betty (die selbst neugierige Häferlgucker äußerst gnädig behandelt) nicht minder. Ihre alten Rezepte bezieht sie aus dem reichen, ungarisch-transsilvanischen Fundus. Sie bedarf keiner optischen Mätzchen, um ihre Geschmacksbotschafter wie Bohnensuppe, gefülltes Kraut, Kalbsschnitzel mit Gänseleberfüllung oder die herrlichen Topfenpalatschinken auf Erfolgskurs an die Tische zu schicken. In der heißen Jahreszeit übersiedelt die Tante mit ihrem Bratspieß bei Gelegenheit auch ins Freie. Und an feinen Tropfen, um diese rare kulinarische Idylle zu begießen, herrscht kein Mangel. Michael York war übrigens auch schon hier.

In der Nähe: Die romanische Propsteikirche aus dem 13. Jahrhundert, in der im Sommer auch Orgelkonzerte stattfinden, sollte man gesehen haben, bevor man dann einen (dank Tante Bettys Portionen unbedingt zu empfehlenden) Verdauungsspaziergang durch die wunderschöne alte Kastanienallee oder ins Királykúti-Tal macht, in welchem König *(király)* Matthias der Legende nach einst sein Pferd an einem Brunnen *(kút)* tränkte.

Fonyód

ÖREG PRÉSHÁZ CSÁRDA

8640 Fonyód, Lenke utca 21, Tel. 85/70 55 30
kein Ruhetag, Preise: Mittelklasse, Küche: klassisch ungarisch mit vielen regionalen Spezialitäten

Das zweihundert Jahre alte und erst 2001 als Csárda revitalisierte Presshaus mag auf den ersten Blick etwas touristisch scheinen (und ist es auch). Dennoch hat das romantische Anwesen am „Spiegelhügel" eine Besonderheit: Hier kocht Sándor Kovács, der zu Ungarns berühmtesten Küchenmeistern der alten Schule zählt und sein Land auch bei der Expo in Hannover erfolgreich vertrat. Sein Repertoire reicht von Palatschinken mit Wildschweinragout über Karpfen mit Pilz-Letscho und Simfonaer Messerbraten bis hin zu Topfenfleckerln mit Grammeln und Somlóer Nockerln. Ungarische Gourmandküche pur.

In der Nähe: In der heute zum Teil rekonstruierten Fonyóder Trutzburg werden im Sommer Burgspiele veranstaltet. Auch der etwa anderthalbstündige Spaziergang vom Bahnhof zur Aussichtswarte auf dem Vár-Berg lohnt sich.

Herend

APICIUS ÉTTEREM ÉS KAVÉHÁZ

8440 Herend, Kossuth L. utca 140, Tel. 88/52 32 34
Sonn- und Feiertag Ruhetag, Preise: hoch
Küche: ungarische Magnaten-Cuisine

Was Meissen für Deutsche und Augarten für Österreicher darstellt und vielleicht sogar noch ein bisschen mehr, das ist Herend für die Ungarn: nämlich das schönste Porzellan der Welt und damit ein Objekt stetiger Begierde, die angesichts der Preisgestaltung zumindest von Normalsterblichen allerdings niemals wirklich gestillt werden kann. Wer sich damit begnügt, auf Herendporzellan „nur" zu speisen, anstatt es auch gleich zu besitzen, der ist im firmeneigenen Restaurant Apicius am Fuße der Bakonyer Berge goldrichtig. Auf „weißem Gold" (das freilich bunt bemalt ist) und mit schwerem Tafelsilber speist sich's ganz *comme il faut.* Hier wird nämlich nicht das Geschirr der Küche angepasst, sondern so gekocht, dass das Geschirr bei Gänselebermousse auf Mangofächer mit Waldfrüchten, Fasanenconsommé, pochiertem und mit Blauschimmel-

STEINPILZE AUF BADACSONYER ART

Zutaten: *2 Dutzend Weinblätter mittlerer Größe*
1 kg Steinpilze, 4–5 Knoblauchzehen, Salz, Pfeffer
2–3 EL Traubenkernöl, 1 EL gehackte Petersilie

Zubereitung: Weinblätter waschen und in kochendem Salzwasser kurz pochieren. Eine geeignete Schüssel befetten und mit der Hälfte der Blätter auslegen. Geputzte, je nach Größe halbierte bzw. geviertelte Steinpilze darauf verteilen, Knoblauchzehen zwischen zwei Fingern leicht andrücken und hinzufügen. Alles mit grobem Salz und geschrotetem Pfeffer bestreuen sowie mit wenig Traubenkernöl beträufeln. Danach die restlichen Weinblätter wie einen Deckel aufsetzen und mit Alufolie abdecken. Schüssel ins vorgeheizte Rohr schieben, bei 180 °C 40 Minuten backen. Anschließend den „Weintraubendeckel“ mit der Alufolie abziehen, Knoblauchzehen entfernen, Pilze mit fein gehackter Petersilie bestreuen und mit Schwarzbrottoasts heiß servieren.

käse überbackenem Lachs auf Blattspinat, Hirschlendenbraten in der Kräuter-Kürbiskernkruste mit Kürbispüree und Steinpilzen im Kartoffelkörbchen sowie Erdbeerpalatschinken in Sektschaum voll zur Geltung kommt. Auch die ausgesuchten Weine sind der Gläser, in denen sie kredenzt werden, mehr als würdig (obwohl es, um die Weine voll zur Geltung zu bringen, vielleicht auch noch funktionellere gäbe). Die Preisgestaltung des Restaurants kann man so oder so sehen: Wenn man bedenkt, dass schon ein kleines Herend-Tellerchen im gegenüberliegenden Shop so an die 250 Euro und mehr kostet, so ist das Herend-Restaurant nachgerade billig.

Gleich daneben: Die 1826 gegründete und damit älteste Porzellanmanufaktur Ungarns präsentiert in einem „Porcelánium“ genannten und anlässlich des 175-Jahr-Jubiläums errichteten neuen Gebäude ihre Kunstwerke, bei deren Produktion man auch zuschauen kann: Das „weiße Gold“ von Herend erhält aufgrund eines besonderen Brennvorgangs sein typisches schneeweißes, durchscheinendes und glänzendes Aussehen. Jedes Stück wird von Hand geformt und bemalt. Die bekanntesten Muster sind das farbenfrohe Chinesische Dekor mit Schmetterlingen und Blütenzweigen sowie das nach Königin Viktoria benannte Tafelservice-Dekor. Berühmt ist Herend auch für seine Flechtwerke und die Herend-Rosen. Die schönsten Stücke des traditionsreichen Hauses sind auch in einem eigenen Museum zu besichtigen.

Hévíz

DANUBIUS THERMAL HOTEL AQUA

8380 Hévíz, Kossuth Lajos utca 13–15, Tel. 83/88 95 00
kein Ruhetag, Preise: gehoben
Küche: zeitgemäß ungarisch und vegetarisch

Schön ist das mondäne Aqua-Hotel inmitten von Ungarns bekanntestem Heilbad nicht wirklich. Es verfügt jedoch über zwei weit über den Balaton hinaus bekannte Restaurants, in denen einer zeitgemäßen ungarischen Küche auf durchaus hohem Niveau gehuldigt wird. Während im Arbor-Restaurant auch die altungarische Küche mit Gerichten wie Hühnerpaprikás oder Gänseleberletscho verfeinert und bestens gepflegt wird, offeriert das – noch wesentlich ambitioniertere – Bellevue-Restaurant –unter der Leitung von Küchenchef Lajos Pápai –mit Poolblick ausschließlich vegetarische Gerichte und eine sehr feine, fantasiereiche Fischküche.

Schloss Festetics in Keszthely zählt zu den größten Schlössern Ungarns. Sein Herzstück: die riesige Bibliothek.

In der Nähe: Die nur dreihundert Meter vom Hotel entfernte Thermalquelle von Hévíz ist mit 44.000 Quadratmetern Wasserfläche der zweitgrößte Thermalteich der Welt und liegt inmitten eines unter Naturschutz stehenden Erlenwalds. Sehenswert sind auch die aus dem 13. Jahrhundert stammende Kirche von Egregy und das Hévízi Múzeum in der Rákóczi utca.

Keszthely

BORMÚZEUM ÉS ÉTTEREM
(Weinmuseum und Restaurant im Hotel Bacchus)

8360 Keszthely, Erzsébet királyné utca 18, Tel. 83/31 40 96
kein Ruhetag, Preise: obere Mittelklasse
Küche: klassisch ungarisch, Info: www. bacchushotel.hu

Dass es sich hier um ein Weinhotel handelt, sagt nicht nur der Name; es ist auch sonst nicht zu übersehen. Nahezu das gesamte Mobiliar wurde nämlich aus dem Holz alter Weinpressen gezimmert, und es steht auch Raum im Umfang von 64.650 Litern in zwei begehbaren Weintanks zur Verfügung. Die Küche ist, was man in Ungarn gemeinhin als lukullisch bezeichnet, nämlich opulent und mit Gerichten wie Hühnersuppe nach Újházy-Art, gefülltem Kraut nach Kolozsvárer Art, Hirschgulasch mit Waldpilzen und gebackenen Äpfeln in Weinschaum auch recht bodenständig. Das angeschlossene Weinbaumuseum versammelt an die tausend Ausstellungsstücke, und es werden sage und schreibe 1200 verschiedene Weinsorten mehrsprachig erklärt, von denen – damit der Theorie auch die Praxis folgt – im Rahmen einer kommentierten Weinprobe auch zehn Kabinettweine zur Verkostung gelangen.

In der Nähe: Das Festetics-Schlossmuseum birgt neben einer 90.000 Bände umfassenden Privatbibliothek eine sehenswerte Jagdwaffen- und Trophäensammlung. Auf dem ehemaligen Gutshof der Familie lädt ein Georgikon-Museum (mit Weinschänke) zu einem Überblick über die Geschichte der regionalen Landwirtschaft. Das Balatonmuseum ermöglicht einen heimatkundlichen Streifzug rund um den See. Und im Puppenmuseum ist u. a. ein aus 4,5 Millionen Balatonmuscheln gefertigtes Modell des Budapester Parlamentsgebäudes, das so genannte „Schneckenparlament" zu bewundern.

Eines der rund hundert Zimmer von Schloss Festetics.

Abschließend noch etwas für alle, denen die Küche im Bacchus zu deftig ist: Am Rákócziplatz finden Fleischverächter im **Oázis Reform Restaurant** eine sehr gut geführte vegetarische „Oase" mit Sojagulasch & Co. Naschkatzen finden im **Marcipán múzeum** nicht nur über hundert Marzipanfiguren zum Anschauen, sondern auch allerlei zum Reinbeißen vor.

Szántódpuszta

MÉNES CSÁRDA

8622 Szántódpuszta, Tel. 84/34 90 52, kein Ruhetag (November bis Ostern geschlossen), Preise: moderat
Küche: bäuerlich-ungarisch

Eine der ältesten und schönsten Csárdas am Balaton befindet sich inmitten der mittlerweile zu einem Museumsdorf umfunktionierten alten Stallungen und Wirtschaftsgebäuden der Meierei des Klosters Tihany. Was in vielen ähnlichen Betrieben mühsam nachgebaut wurde, ist hier durchweg alt und echt. Frisch ist lediglich, was auf den Tisch kommt, und das lässt weiß Gott einen ausschweifenden Streifzug durch die ungarische Bauernküche zu. Wer erst einmal das obligatorische Rinderknochenmark ausgiebig aufs getoastete Brot geschmiert hat, beginnt eine kulinarische Zeitreise mit den Stationen Gänseleber, Halászlé, Schweinerippchen und Mohn-Kürbisstrudel. Kreditkarten werden nicht akzeptiert, aber soviel bzw. so wenig, wie dieses exorbitante Schlemmermahl hier kostet, hat man ohnedies eingesteckt.

Gleich daneben: Das Meiereimuseum zeigt in einem aus dem Jahr 1716 stammenden Gebäude neben zahlreichen Exponaten aus der Orts- und Landwirtschaftsgeschichte in verschiedenen Aquarien alle im Balaton heimischen Fischarten. Als Verdauungsspaziergang eignet sich der steile Anstieg zur 250 Jahre alten Christophorus-Kapelle mit sensationellem Seeblick.

Székesfehérvár

SZÁRCSA CSÁRDA ÉS FOGADÓ

8000 Székesfehérvár, Szárcsa utca 1, Tel. 22/32 57 00
kein Ruhetag, Preise: gehoben
Küche: klassisch ungarisch, Info: www.szarcsa.com

Die Frage, warum man sich in dieser Nobel-Csárda gar so behaglich fühlt, lässt sich leicht beantworten: Die Besitzer führen nämlich auch ein Antiquitäten- und Stilmöbelgeschäft und haben das 1991 errichtete, in einem nicht besonders schönen Viertel außerhalb des Zentrums der alten Krönungsstadt gelegene Gasthaus auf der Landstraße 63 mit angeschlossener Hotelpension (23 Zimmer) daher mit besonders viel Engagement (und ohne große Rücksicht auf Kosten) eingerichtet. Man speist also inmitten von Antiquitäten unter schweren Balkendecken und hinter geklöppelten Spitzenvorhängen.

Geboten wird eine gehobene Pusztaküche, in der vom gebratenen Zander über zahlreiche Wildspezialitäten bis zu den Kalbskoteletts mit Gänseleber sowie den üblichen süß-sündigen Mehlspeisen alles Platz hat. Die Weine sind ausgezeichnet, und wenn man nach ihrem Genuss in den wunderschönen Zimmern absteigt, stellt man fest, dass man sie auch gut vertragen hat.

In der Nähe: Das barocke Stuhlweißenburg bietet als Stadt, in welcher 37 ungarische Könige gekrönt wurden und 15 begraben liegen, zahlreiche Sehenswürdigkeiten vom barocken Dom bis zum Lapidarium im Ruinengarten.

Die vielleicht nicht gerade wertvollste, aber mit Sicherheit „kostbarste" darunter ist die **Konditorei Rex** am Szent István tér, eine der schönsten Zuckerbäckereien Ungarns. In unmittelbarer Stadtnähe befinden sich der idyllische Velencei-See am Fuße des Vértes-Gebirges sowie die beiden Naturschutzgebiete Sárrét und Mézőföld.

Oben: Hoch und weithin sichtbar überragt die Benediktinerabtei von Tihany, gestiftet 1055 von König Andreas I., den See. Unten: Die Schiffsanlegestelle im Schatten der mächtigen Abtei.

Tapolca

SZENT-GYÖRGY PANZIO ÉS ÉTTEREM

8301 Tapolca, Kisfaludy utca 1, Tel. 87/41 35 93
kein Ruhetag, Preise: moderat, Küche: ungarisch

Die Szent-György Panzió in Tapolca ist ein gutbürgerliches Gasthaus, das, wie das Jugendstil-Toilettenportal mutmaßen lässt, offenbar noch aus der alten Donaumonarchie stammt. Das Restaurant verfügt auch über einen hübschen kleinen Hintergarten. Gekocht wird typisch ungarisch.

Die weithin bekannte Spezialität des Hauses sind die *Kakastöke galuskával,* ein Hähnchenhodenpörkölt, das aussieht wie ein Bohnengulasch mit Nockerln und ähnlich wie Hammelhoden mundet, vielleicht nicht ganz so fein, aber durchaus delikat.

Gleich daneben: Ein Abgang führt in die Teichhöhle *(Tapolcai Tavasbarlang),* eine der vielen unterirdischen Höhlen des Balaton, in deren Tiefe man auf einem beleuchteten See Boot fahren kann. Außerdem findet man in der Templomdomb 1 ein sehenswertes Schulmuseum *(Iskolamúzeum)* in einem der ältesten Volksschulgebäude Mitteleuropas. Auch ein kleiner Verdauungsspaziergang rund um den schönen alten Mühlenteich lohnt sich.

ARTEMIS ÉTTEREM

8300 Tapolca, Diszel, Tel. 87/41 26 57, kein Ruhetag
Preise: gehobene Mittelklasse
Küche: klassisch ungarisch, Wildspezialitäten

Eine echte Ruheoase inmitten eines ca. zwölf Kilometer vom Plattensee entfernten Parks ist dieser alte, waldumschlossene Landsitz, in dem man auch gepflegt wohnen kann. Das Restaurant lässt mit Kachelofen und zahlreichen Trophäen ebenso keinen Zweifel daran, dass Nimrod-Jünger hier besonders gern gesehen sind. Die Küche ist vor allem fleischlastig und bietet von Wild- oder Schafgulasch mit Csipetke über Kuttel- und Hahnenhodenpörkölt bis hin zu gespicktem Hirschbraten mit Backpflaumen oder Rehrücken mit Beifuß ein fast schon überkomplettes Angebot. Zum Abschluss locken Gundel-Palatschinken und Gesztenyepüré (Maronireis).

In der Nähe: In einer nahen Diszeler Mühle am Templom tér befindet sich das Első Magyar Látványtár, ein avantgardistisches Kunstprojekt mit wechselnden Ausstellungen.

Tihany

GULYÁSUDVAR ÉTTEREM

8237 Tihany, Postaköz 2, Tel. 87/43 80 51
kein Ruhetag, Preise: moderat
Küche: bäuerlich-ungarisch

Mitten im bekannten Wallfahrtsort mit dem wahrhaft panoramatischen Plattensee-Blick (den man übrigens auch von der Wirtshaus-Terrasse aus genießen kann) befindet sich dieses bemerkenswert preisgünstige Etablissement, das seine Philosophie – die unverfälschte Küche der auf ungarisch *gulya* genannten Rinderhirten – bereits im Namen führt. Auch wenn es hier einen ausgezeichneten *Gulyásleves* (eine Art Gulaschsuppe) und ein köstliches *Székelygulyás* (außerhalb Ungarns als „Szegediner" bekannt) gibt, wäre es völlig unzutreffend, deshalb von einer Gulaschhütte zu sprechen. Neben Gulyás findet man hier selbstverständlich auch Paprikás (mit Sahne), herrliche Rindersteaks, knusprige Zanderfilets vom Rost, diverse Metamorphosen von der Gänseleber und – zumal am Abend – auch zahlreiche autochthone Eintopf- und Pfannengerichte.

In der Nähe: Die Halbinsel Tihany erreicht man am besten mit der einzigen Autofähre des Balaton, die am Fuße des Óvár-Bergs landet. Ein Muss ist die Besichtigung der weltberühmten barocken Abteikirche mit dem Grabmal des 1060 verstorbenen Ungarnkönigs Andreas I. in der Unterkirche. Nach der Besichtigung des Benediktinerklosters und der einzigen Einsiedelei des Karpatenbeckens lohnt sich auch ein Spaziergang durch die Lavendelfelder, die der mit Recht zum Naturschutzgebet erklärten Halbinsel ein unverwechselbares mediterranes Flair verleihen. Einen Abstecher wert sind zudem die beiden Kraterseen im Norden der Halbinsel, wo man im Oleandergarten des

Die Halbinsel Tihany ist Ungarns ältestes Naturschutzgebiet, das gleichnamige Fischerdorf zum Teil Freilichtmuseum.

mit Recht **Oázis** genannten Restaurants in der Major utca 47 am Inneren See (87/44 80 63) auch solid einkehren kann. Ebenfalls sehenswert: der Kreuzweg am Visszhanghügel sowie das schöne Baba Múzeum (Puppenmuseum) in der Visszhang utca. Leckermäuler kommen in der **Rege Cukrászda** in der Kossuth Lajos utca, einer zum alten Kloster gehörenden Konditorei mit Aussichtsterrasse, voll auf ihre Rechnung.

Veszprém

UDVARHÁZ

8200 Bánd/Veszprém, Tel. 88/36 15 24, Montag Ruhetag
Preise: moderat, Küche: Urtümliches im Betyárenstil

Am Rande des Bakonyer Waldes liegt, direkt an der Gabelung bei der Bánder Ortseinfahrt (auf der Straße von Veszprém nach Herend) eine alte Schänke mit Ziehbrunnen, in der früher einmal, als das Haus noch eine Schmiede beherbergte, angeblich die Betyáren zugange gewesen sein sollen. Betyáren übersetzt man heute landläufig als Räuber (und den Betyárenspieß daher auch als Räuberspieß), doch das ist nur die halbe Wahrheit. Der heute noch auf so vielen Straßenschildern allgegenwärtige Revolutionsführer Lajos Kossuth hatte die gefürchteten Wegelagerer aus dem Bakonyer Wald und der Puszta nämlich gegen Gewährung von Straffreiheit für sein Revolutionsheer angeworben und damit ein für allemal rehabilitiert. Heute leben sie allerdings nur noch in alten Legenden sowie in vielen Rezepten wie Betyárensuppe und Betyárenpalatschinke weiter, von denen einige auch in diesem bis heute sehr urtümlich gebliebenen Lokal am Rande von Mitteleuropas größtem Eichenwald meist auf Holzbrettern serviert werden. (Fragt sich nur, wie lange noch, denn die EU-Hygienepolizei duldet, wie nicht nur Freunde der Tiroler Brettljause aus leidvoller Erfahrung wissen, keine Holzbretter.) Rau, aber herzlich ist auch der Ton des Personals, das, da von Ungarndeutschen abstammend, mit der deutschen Sprache kaum Probleme hat. Die Küche ist – wie sollte sie auch anders sein? – herzhaft und von der Bohnensuppe über den Räuberbraten bis zu den hausgemachten Mehlspeisen mit viel Liebe zubereitet. Der Hauswein passt übrigens ganz exzellent dazu.

In der Nähe: Die nahen Eichenwälder des beginnenden Bakony-Gebirges laden zu ausgedehnten Verdauungsspaziergängen ein.

In Veszprém, der „Stadt der Königinnen“, gibt es eine Reihe sehenswerter Baudenkmäler, darunter die frühgotische Gisela-Kapelle.

VILLA MEDICI ÉS NOSZTALGIA ÉTTEREM

8200 Veszprém, Kittenberger Kálmán utca 11
Tel. 88/59 00 70, kein Ruhetag, Preise: gehoben
Küche: italienisch mit Nouvelle-Cuisine-Touch (Villa Medici) u. klassisch ungarisch (Nosztalgia), Info: www.villamedici.hu

Ungarische Restaurantkritiker sind sich, ziemlich unisono, einig, dass die Villa Medici eines der besten, wenn nicht das beste Restaurant Ungarns ist. Ungarn-Reisende aus Deutschland oder Österreich fragen sich jedoch möglicherweise, ob sie wirklich ausgerechnet nach Veszprém fahren sollen, um sich hier an Jakobsmuscheln, St. Petersfisch mit Penne, Rosmarinravioli im Parmesankorb, mit Pernod flambierten Scampi oder Brasato vom Kalb zu delektieren. Der Abstecher in das etwas außerhalb gelegene, in jeder Hinsicht gepflegte und von einem ruhigen Park umschlossene Vier-Sterne-Hotel unter der großen Brücke lohnt sich gleichwohl. In dem gediegenen Ensemble wird nämlich nur im nobleren der beiden Restaurants italienisch aufgekocht, während es für all jene, die es lieber etwas bodenständiger möchten, das famose kleine Restaurant Nosztalgia gibt. Hier kann man am offenen Kamin echte ungarische Küche vom Feinsten genießen und – beispielsweise mit Paloczensuppe vom Lamm mit Sauerrahm, hausgemachten Kartoffelpuffern mit Käse, Sauerrahm und Lauch, exzellenter Szilvásvárader Forelle vom Rost, gegrillten Gänselebermedaillons im Flammenkuchen oder hervorragenden Somlóer Nockerln

Deftiges wie dieses Lammgulasch – ganz in der Tradition der Betyáren – serviert man im urtümlichen Udvarház in Veszprém.

– erleben, dass die exzellente Küchenbrigade die Küche ihrer Heimat nicht verlernt hat. Die Weinkarte spielt alle Stückeln, und die ungarischen Kritikerkollegen haben, nehmt alles nur in allem, gar nicht so Unrecht.

Gleich daneben: der Veszprémer Zoo
In Veszprém selbst: Die alte Komitats- und Bischofsstadt an der Nordgrenze des Bakonyer Waldes ist einer eingehenderen Besichtigung würdig. Unbedingt ansehen sollte man die romanische St.-Michael-Kathedrale, den barocken Bischofspalast, das im Jugendstil gehaltene Petőfi-Theater, das Zunftmuseum im Bakonyerhaus sowie das Königin-Gisela-Museum.

Südwestlich von Veszprém: Unbedingt einen Abstecher wert sind die altrömischen Ausgrabungen in der Baláca-Puszta, wo man einen der größten Gebäudekomplexe des alten Pannonien mit einem 60 x 33 Meter großen Mosaikfußboden bewundern kann.

WEINE RUND UM DEN BALATON

Von den „Weinen des Balaton“ zu sprechen, wäre – nicht nur in den Augen ungarischer Weinfreunde – eine arge Vergröberung. Rund um den Balaton gruppieren sich in weiterer oder näherer Entfernung nämlich gleich fünf der 22 ungarischen Weinbaugebiete:

Das **Weinbaugebiet Badacsony** trägt seinen Namen nach dem gleichnamigen, sargförmigen Basaltberg am Südwestufer des Plattensees. Die nicht immer völlig durchgegorenen, aber letztlich doch meist trockenen Weine gelten im Allgemeinen als „feurig“, was an der Harmonie von feiner, aber deutlich spürbarer Säure und oft sehr opulentem Bukett liegt. Wichtigste Sorten sind Welschriesling *(Olaszrizling),* Grauer Mönch *(Szürkebarát)* und Blaustängler *(Kéknyelű).* Empfehlenswerte Produzenten sind u. a. Huba Szeremley von der Szt. Orbán Pincészet in Badacsonytomaj und die Villa Juris des Österreichers Georg Stiegelmar, der in Badacsonylábdihegy ein kleines, feines Weingut führt.

Das **Weinbaugebiet Balatonboglár** liegt am Südufer des Plattensees, ist von beachtlicher Ausdehnung und ebenfalls vorzugsweise dem Weißweinbau gewidmet. Der Sortenreichtum ist groß, die Weine sind am ehesten als duftig und elegant-aromatisch zu bezeichnen. Bedeutende Produzenten sind u. a. Otto Légli und János Konyári in Balatonboglár, die der Schweizer Familie Burkhalter gehörende Kellerei Öregbaglas in Kéthely sowie die für ihre Chapel-Hill-Serie bekannte Kellerei in Balatonlelle.

Das Weinbaugebiet **Balatonfelvidék** umfasst drei kleine Regionen um Tapolca im Norden des Plattensees und wird von vielen engagierten Einzelproduzenten in malerischen Weinbergen geprägt. Gekeltert wird fast ausschließlich Weißwein von Sorten wie Welschriesling, Grüner Veltliner, Pinot Gris, Chardonnay und Sauvignon blanc. Empfehlenswerte Produzenten sind u. a. György Varga in Révfülöp und die Kellerei Szakálvin in Kővágóörs.

Auch das **Weinbaugebiet Balatonfüred-Csopak** erstreckt sich im Norden des Plattensees zwischen Zánka und Balatonalmádi. Besonders bekannt sind die eleganten Csopaker Rieslinge, während die Weißweine um Balatonfüred wuchtiger und opulenter geraten. Auf der Halbinsel Tihany werden auch recht gute Rotweine gekeltert. Bedeutende Produzenten sind u. a. die Jásdi Pince in Csopak und die Figula Pincészet in Balatonfüred.

Das **Weinbaugebiet Balaton-melléke** nutzt für seine feinaromatisch-zartsäurigen Weißweine vor allem die sonnige Beckenlage der Basalthänge des Keszthelyer Gebirges. Bedeutende Produzenten sind u. a. Dr. László Bussay in Muraszemenye und das Weinhaus Németh in Keszthely-Kertváros.

Das Tor nach PANNONIEN

Zwischen Győr
und Szombathely

Die Ungarn nennen die Region den Őrség, was so viel bedeutet wie „die Wacht“. Gemeint sind jene Gebiete an der österreichisch-ungarischen Grenze, die zu den landschaftlich reizvollsten Regionen des Landes zählen. Viele Ungarn sind heute noch der Meinung, dass der Őrség keineswegs an der ungarischen Grenze aufhöre, sondern sich auch im heutigen Burgenland, das in Ungarn konsequenter Weise Őrvidék („Wachtgebiet“) heißt, fortsetzt.

Diese Ansicht ist historisch keineswegs unbegründet und in kultureller Hinsicht ebenso wenig falsch wie in kulinarischer. Immerhin gelangte das heutige Burgenland erst 1921 an die Republik Österreich, und die Wurzeln aus der gemeinsamen Vergangenheit sind diesseits und jenseits der Grenze bis heute unverkennbar geblieben. Gemeinsam ist dem Őrség und dem Őrvidék dabei vor allem, dass es sich bei seinen Bewohnern um Nachfolger der Pannonier handelt. Dieser Name leitet sich vom thrakischen Hirtengott Pan her, nach dem auch die römische Provinz Pannonien

Komárom, die seit dem Friedensvertrag von Trianon geteilte Stadt an der Donau, ist der Geburtsort von Franz Lehár. Zeichnung von Julius Háry.

benannt war. Die Pannonier wiederum stammen keineswegs von den Magyaren, ab, sondern waren „keltisierte" Illyrer, die freilich im Laufe der Jahrhunderte auch von magyarischen, slowakischen, kroatischen, serbischen, jüdischen und nicht zuletzt auch von den deutschen Einflüssen geprägt wurden. Deutsch waren hier vor allem die auch „Heanzen" genannten Heidebauern, die im 11. und 12. Jahrhundert aus Bayern und Alemannien einwanderten und von dort auch ihre Ernährungsgewohnheiten mitbrachten.

Die ungarndeutsche Minderheit in Ungarns Westen umfasst heute immer noch rund 220.000 Menschen. Ihnen sind neben der klassischen Troika aus Tomaten, Zwiebeln und Paprika auch viele typische, meist karg-bäuerliche Gerichte bis heute in Erinnerung geblieben: darunter *Tsiblsuppa* (Zwiebelsuppe), *Grombiansoppe* (Kartoffelsuppe), *Aigebrennde Saifiß* (Eingebrannte Schweinshaxen), Amgriats (Schmarren), *Kukruzknedl* (Maisknödel), *Kugluf* (Gugelhupf), *Krautwuescht* (Krautwurst) oder *Kwetschepekmes* (Zwetschkenmus). Besonders beliebt sind in dieser Gegend nach wie vor die Bohnengerichte wie *Bunsoppe,* Bohnensterz, *Bonepiarkit* (Bohnenpörkölt) oder die so herrlich zum Ödenburger Rotwein passenden Bohnenpogatschen geblieben. In der Vergangenheit war Sopron nämlich für die Qualität seines Weines mindestens ebenso bekannt wie für die seiner Bohnen – weshalb es dort heute noch rund um die alte Johanniterkirche in der Bécsi út bis heute ein „Poncichter-Viertel" gibt: Es ist nach jenen Soproner Bohnenzüchtern benannt, die ihre Bohnen meist zwischen den Rebstöcken hochklettern ließen, was den Ödenburger Weinbergen früher ein unverwechselbares Aussehen verlieh.

Auf sie war der hl. Martin nicht besonders gut zu sprechen.

Gänse, Wein und Wasser

Seit 1996 steht die Abtei von Pannonhalma als Weltkulturerbe unter internationalem UNESCO-Denkmalschutz. Sie ist nicht nur Mittelpunkt alter klösterlicher Weinkultur, sondern auch mit ein Grund, warum es in dieser Gegend den Gänsen um Martini noch häufiger als anderswo an den Kragen geht. Ganz in der Nähe wurde nämlich der Überlieferung zufolge jener hl. Martin geboren, der sich später, als man ihn im französischen Tours zum Bischof wählen wollte, aus Angst vor der Verantwortung des Amtes in einem Stall versteckte. Dort haben ihn dann die schnatternden Gänse an die suchenden Gläubigen der Stadt verraten – und seither soll der Heilige, so will es jedenfalls die Legende, mit den Gänsen kein Mitleid mehr haben. Tatsächlich ist es noch gar nicht lange her, dass viele Ortschaften im Őrség so dicht mit Gänsen besiedelt waren, dass man oft vor lauter Gefieder den Lehmboden zwischen den Häusern nicht mehr sehen konnte.

Apropos Gänse: Von den alten Römern, die in diesem Gebiet ab kurz vor der Zeitenwende ansässig waren, haben die Westungarn nicht nur den Weinbau, sondern auch die heute aus Tierschutzgründen sehr umstrittene Sitte des Gänsestopfens mit Nudeln und Kastanien übernommen, eine Prozedur, die allerdings am Ursprung einer weltweit bekannten Delikatesse steht: der ungarischen Gänsestopfleber. Was deren Qualität betrifft, kann allenfalls Frankreich den Ungarn Konkurrenz machen. Doch selbst französische Gourmets geben, oft unter vorgehaltener Hand, zu, dass die allerfeinsten Straßburger Gänseleberpasteten aus ungarischer Stopfleber hergestellt wurden.

Die alten Häuser von Fertőszéplak bilden ein Dorfmuseum.

Weit weniger umstritten als die Gänseleber ist der Gänsewein, wie in dieser Gegend häufig das Wasser genannt wird. Und Wasser gibt es nicht nur im – in Ungarn Fertő tó genannten – Neusiedler See, sondern allenthalben in Westungarn. Das Besondere daran ist allerdings, dass es sich hier, wie schon die Römer angesichts der Quellen von Balf erkannten, sehr häufig um Thermal- bzw. Mineralwasser handelt.

Mittlerweile besitzt Westungarn gezählte 24 Thermalbäder und weiß diese nicht nur für entsprechende Kureinrichtungen, sondern auch für den Fremdenverkehr zu nutzen. Die Wellness-Welle der 1990er Jahre kam den Ungarn gerade Recht und hat, wie zahlreiche neuere Restaurants beweisen, vielerorts auch die bekannt schwere ungarische Küche erfreulich „erleichtert".

Da die ungarischen Mineralwässer meist relativ hoch mineralisiert sind, erfreut sich im Őrség (wie auch anderswo in Ungarn) ein besonders erfrischendes und natriumarmes Mineralwasser aus dem Őrvidék vor allem in den letzten Jahren besonderer Beliebtheit, nämlich die aus dem burgenländischen Edelsthal stammende Römerquelle.

Noch besser als selbst der beste Gänsewein mundet freilich der Wein an sich, den man in Pannonien gerne als *fröccs* (Gespritzter) oder *hosszú lépés* (ein Drittel Wein, zwei Drittel Wasser) trinkt, aber selbstverständlich – vor allem dann, wenn er wirklich gut ist – auch pur.

Sopron, die unmittelbar an der alten Bernsteinstraße auf halber Strecke zwischen Baltikum und Adria gelegene Grenzstadt, war schon zu Beginn der Neuzeit eine Weinmetropole, die sich, was Größe und Einfluss betrifft, allenfalls mit Bordeaux und Beaune vergleichen ließ. Und wenn Joseph Haydn in seinen „Jahreszeiten" den jungen Rebensaft überschwänglich mit den Worten „ Juhhe! Der Wein ist da, die Tonnen sind gefüllt, nun lasst uns fröhlich sein, und juhhe, juhhe, juch!" begrüßt, so schwebten ihm dabei mit ziemlicher Sicherheit die Weingärten zwischen Sopron und Schloss Eszterháza, dem „ungarische Versailles" vor, in dessen herrlich renovierten Prunksälen diese sinnen-

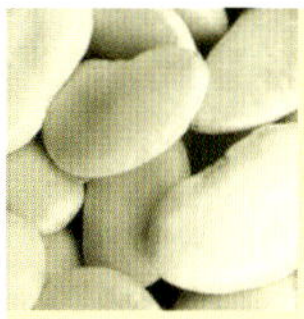

ÖDENBURGER BOHNENSTERZ

Zutaten: *200 g getrocknete Bohnen*
300 g Buchweizenmehl, ca. 1 l Wasser
120 g Schweine- oder Gänseschmalz, Salz

Zubereitung: Bohnen über Nacht in Wasser einweichen und am nächsten Tag im Einweichwasser weich kochen. Bohnen abseihen, das Kochwasser aber unbedingt aufbewahren. Buchweizenmehl in einer feuerfesten Kasserolle leicht anrösten und, bevor es sich am Topfboden anzulegen beginnt, mit Einweichwasser aufgießen. So lange gut durchrühren, bis das Mehl die gesamte Flüssigkeit aufgesogen hat. Den Sterz bei geringer Hitze noch eine Weile im Backrohr ziehen lassen, bis er schön locker ist. Inzwischen das Schmalz langsam erhitzen, die warm gehaltenen Bohnen in den Sterz einrühren und mit dem heißen Schmalz übergießen, wobei es, wie die Soproner Sterzköchinnen sagen, „zischen" sollte. Danach den Sterz locker durchmischen, mit Salz abschmecken und am besten zu saftigem Geselchten oder Surbraten servieren. Dazu passt Rahm-Gurkensalat.

frohe Musik während der sommerlichen Haydn-Wochen auch heute wieder erklingt.

Von Nockerln und von Lämmerschwänzen

Somlóer Nockerln sind ein Dessert, das heute in Budapest genauso beliebt ist wie in Miskolc oder Szeged. Die üppige Kalorienbombe aus hellem und dunklem Biskuit, Eiercreme und Schokosauce führt ihren Namen jedoch auf den

GERÖSTETE GÄNSELEBER MIT BARACK

Zutaten: *600 g Gänseleber (am besten Handelsklasse 2 oder 3), 2 weiße Zwiebeln, 100 g Speck*
20 g Butter oder Gänseschmalz, 4 cl Barack Pálinka (Marillen- bzw. Aprikosenbrand), etwas Hühnersuppe
1 EL Paprikapulver, 125 ml Sauerrahm, 1 KL Tomatenmark, Salz

Zubereitung: Gut gekühlte Gänseleber in mindestens 1 cm dicke Scheiben schneiden. Zwiebeln in dicke Ringe, Speck in dünne Scheiben schneiden. Das Backrohr auf 200 °C vorheizen. Butter oder Gänseschmalz in einer Pfanne zerlassen und die Gänseleberscheiben auf jeder Seite etwa eine halbe Minute lang scharf anbraten. Gänseleber aus der Pfanne heben, in eine feuerfeste Form umstechen und im vorgeheizten Backrohr 4–5 Minuten lang garen. Inzwischen das Fett aus der Pfanne abgießen, Speck und Zwiebelringe darin goldbraun rösten. Mit Barack und etwas Suppe ablöschen, paprizieren und Sauerrahm einrühren. Kurz einkochen lassen und mit Tomatenmark sowie einer Prise Salz abschmecken. Gänseleber aus dem Ofen nehmen und ohne das Fett, das sich mittlerweile in der Form gebildet hat, in die Pfanne zurückgeben. Etwa eine halbe Minute in der Zwiebel-Speck-Paprika-Sauce auf kleiner Flamme ziehen lassen und heiß mit Tarhonya oder Zupfnockerln servieren.

berühmten Vulkanfelsen zurück, der am Weg von Sopron zum Balaton weithin sichtbar etwa auf halber Strecke liegt. Bekannt gemacht wurde das Rezept zwar vom Budapester Hotelier Károly Gundel, erfunden wurde es jedoch keineswegs von ihm selbst, sondern von seinem aus Somló

SOMLÓER NOCKERL

Zutaten: *100 g Rosinen, 100 ml Barack (oder anderer Marillenbrand)*
Für die verschiedenen Biskuits: *8 Eier, 160 g Zucker, 160 g Mehl*
50 g geriebene Walnüsse, 80 g Kakaopulver
Für die Creme: *500 ml Milch, 1 Stange Vanille (ersatzweise Vanillezucker)*
4 Eidotter, 100 g Zucker, 3 EL Mehl
Zum Abschließen: *Marillenmarmelade, 40 g Kakaopulver, Schlagobers*
Schokoladesauce, 1–2 EL gehackte Mandeln oder Nüsse

Zubereitung: Rosinen über Nacht in Barack einweichen. Für den Biskuitteig Eier trennen, Eiklar mit Zucker zu steifem Schnee schlagen. Eidotter und Mehl vorsichtig einrühren, und die Masse in drei gleiche Teile teilen. Einen Teil mit geriebenen Nüssen vermengen, den anderen mit Kakaopulver, den dritten „natur" belassen. Teig jeweils fingerdick auf ein mit Backpapier ausgekleidetes Blech streichen und im vorgeheizten Backrohr bei 170 °C etwa 8 Minuten lang backen. Milch mit ausgeschabtem Vanillemark, Dottern, Zucker und Mehl zu einer dickflüssigen Creme einkochen und kalt stellen. Eine geeignete Form zunächst mit Nussbiskuit auslegen, mit der Hälfte der Rosinen bestreuen und einem Schuss Barack beträufeln. Mit der Hälfte der Creme bestreichen und mit Kakaobiskuit bedecken. Restliche Rosinen darüber verteilen, mit Barack tränken und mit restlicher Creme auffüllen. Helles Biskuit darüber legen, mit Marillenmarmelade bestreichen und mit Kakaopulver bestreuen. Masse mindestens für 4–6 Stunden kalt stellen. Mit einem Esslöffel Nockerln stechen und mit geschlagenem Obers, Schokoladensauce und gehackten Mandeln oder Nüssen garnieren.

gebürtigen Oberkellner Károly Gollerits, der sich angesichts des „süßen Gupfs" an den rundum mit Weinreben bewachsenen Basaltfelsen seiner Heimat erinnerte.

Dass Somló bis an den Habsburgerhof in Wien berühmt war, verdankt es allerdings nicht den Nockerln, sondern einer seltenen Rebsorte, die weltweit fast ausschließlich hier gedeiht. Es handelt sich um den *Juhfark* genannten „Lämmerschwanz", der den Frauen der Habsburger-Erzherzöge in der Hochzeitsnacht kredenzt worden sein soll, weil er im Ruf stand, die Empfängnisfähigkeit für männliche Nachkommen zu erhöhen. Hinter dieser Legende verbirgt sich die Tatsache, dass es in Somló früher einen statistisch auffälligen Überschuss an männlichen Nachkommen gab. Und was sonst, wenn nicht der Somlóer Wein, hätte dazu führen sollen?

Ásványráró

SZÜRKE GÉM FOGADÓ

9177 Ásványráró
Rákóczi utca 52
Tel. 96/21 61 66
kein Ruhetag,
Preise: moderat, Küche: klassische Wild-, Steak- und Fischspezialitäten

Mitten im Fischereiparadies von Szigetköz, im Inselgebiet der Donau südöstlich von Bratislava, das von Insidern viel sagend auch „Wallergrube" genannt wird, soll früher einmal Gold gewaschen worden sein. Heute ist die Goldgrube eher der Fremdenverkehr, der sich auf die Szürke Gém, wo auch ein paar hübsche Fremdenzimmer angeboten werden, allerdings nicht negativ ausgewirkt hat. In gemütlicher, wenngleich etwas beengter Atmosphäre speist man hier vor allem Wild- und Fischspezialitäten aus der unmittelbaren Umgebung. Besonders fein ist das Wallerpaprikás mit abgeschmalzenen Nudeln, aber auch Zander, Reh und Hirsch werden sorgfältig und in den in Ungarn üblichen Portionen zubereitet, die von der „Überschaubarkeit" des modernen westeuropäischen Stils wesentlich weiter entfernt sind als das Angler-Eldorado Ásványráró von der österreichischen Grenze.

In der Nähe: Das hundertjährige Naturdenkmal Schwarzpappel ist, neben einer kleinen Barockkirche, die wichtigste Sehenswürdigkeit des Ortes. Nicht weit ist es auch in den Ráró-Vadaskert-Wald, der zu ausgiebigen Verdauungsspaziergängen einlädt.

Verheißungsvoller Zugang zu Schlosshotel und Thermalbad in Bük.

Bük

VADÁSZTANYA VENDÉGLŐ

9737 Bük, Nagy Pál utca 5
Tel. 94/35 83 43
kein Ruhetag,
Preise: Mittelklasse
Küche: klassisch mit vielen Wildspezialitäten

Zwischen drei Seen und dem Répcebach ist das beliebte Heilbad Bük unweit von Csepreg in eine sanfthügelige Landschaft eingebettet. Zu dieser passt (obwohl sich die Golfer vom benachbarten 18-Loch-Platz hier ebenso wohl fühlen) die klassische Jagdhausatmosphäre. In diese wiederum passen die zahlreichen Gerichte von Fasan, Wildschwein, Reh und Hirsch, die durchweg klassisch zubereitet werden und sich von überbackenen Palatschinken bis zum Wildbraten in Burgundersauce in allerlei Metamorphosen auf der Karte finden. Außerdem gibt's Tafelspitz in einer (zumindest für österreichische Gaumen) etwas abenteuerlichen ungarischen Variante. Gewiss kein echtes Gourmetlokal, aber doch ein recht bequemer und atmosphärischer Platz für hungrige Golfer und Jäger, derer sich hier aus aller Herren Länder viele einfinden.

In der Nähe: Der Kurpark lädt mit seinem 1000 Quadratmeter großen Thermalbad nicht nur zum Spazierengehen, sondern auch zum Schwimmen ein.

Csepreg

ROMANTIK HOTEL ÖREG MALOM

9735 Csepreg, Tel. 94/36 55 04, 505, kein Ruhetag
Preise: gehobene Mittelklasse, Küche: klassisch ungarisch mit modernen und internationalen Akzenten

Es ist gerade ein halbes Jahrhundert her, dass diese Mühle in einer bezaubernden Gegend „am rauschenden Bach" klapperte. Seit einigen Jahren ist sie nunmehr als erstes ungarisches Romantikhotel fest in holländisch-deutscher Hand und ein äußerst smarter Hideaway mit aparten Zimmern und Suiten, einem hervorragenden Wellness-Angebot und einer anspruchsvollen Küche in gehobener Csárdaatmosphäre, die sich auf der Basis der umliegenden Jagd- und Angelreviere erfreulich um frische Zutaten bemüht. Besonders empfehlenswert sind die Gänseleber-Spezialitäten. Auch das Niveau des Weinkellers liegt weit über dem üblichen Standard.
In der Nähe: Das Dorfmuseum und die 600 Jahre alte Michaelskirche sind einen Besuch wert.

Fertőendréd

TERCIA FAMILY RESTAURANT ÉS PANZIÓ

9443 Fertőendréd, Győri út 2, Tel. 99/38 05 40
kein Ruhetag (Jänner und Februar nur auf Vorbestellung)
Preise: moderat, Küche: klassisch ungarisch bis international

Man sollte sich von der etwas barackenartigen Anlage dieser Hotelpension, die in einer 678-Seelen-Gemeinde an der Bundesstraße 85 liegt, nicht täuschen lassen: Das Innere birgt unter einem offenen Dachstuhl einen äußerst einladenden Wintergarten, in dem sich recht wohlfeil und doch auch ziemlich gepflegt speisen lässt. Die Küche bietet für jeden etwas und läuft bei Suppen und Desserts sogar zu so etwas wie Hochform auf. Auch die Weinkarte bietet allerlei, was einen „Familienausflug" wohl und wohlfeil zu begleiten vermag.

Fertőrákos

RÁSPI ÉTTEREM-VINÁRIUM

9421 Fertőrákos, Fő utca 78, Tel. 99/35 51 46
Montag und Dienstag von September bis April geschlossen
Preise: gehoben, Küche: klassisch ungarisch mit kreativen Akzenten und vielen Trüffelspezialitäten
Info: www.raspi.hu

Patron und Küchenchef József Horváth kochte im österreichischen Top-Restaurant „Taubenkobel" im burgenländischen Schützen, bevor er sich 1994 selbständig machte. Seither führt Horváth ein besonders romantisches Restaurant über einem alten Gewölbekeller, wo er zwischen vielen Antiquitäten bei Kerzenlicht und mit schönem Tafelsilber eine ungarische Küche ohne die üblichen Kalorien- und Convenience-Sünden der „Ost-Gastronomie" offeriert. Neben Neusiedlerseefischen, Rebhühnern, Wild- und Entenpasteten und anderen gediegen-pannonischen Köstlichkeiten gehört Hórvaths Liebe vor allem der ungarischen Trüffel, die er nach den unterschiedlichsten Rezepten einlegt, verfeinert und verarbeitet. Sogar einen speziellen Trüffelsekt offeriert er. Der Weinkeller ist mit über 150 Positionen bemerkenswert und bietet vor allem auch einen Querschnitt durch die ungarische Produktion der österreichischen Top-Winzer Reinhard und Franz Weninger an.
In der Nähe: Neben dem nahen Leithakalksteinbruch, in

dem nach der Auflassung des Abbaus alljährlich Sommerspiele stattfinden, und der aus dem Mittelalter stammenden Dorfkirche inmitten der hübschen Sommerfrische nahe dem ungarischen Ufer des Neusiedler Sees lohnt sich auch ein Besuch des alten Mithras-Heiligtums beim Grenzübergang für Radfahrer.

Győr

HOTEL SCHWEIZERHOF

9021 Győr, Sarkantyú köz 11–13, Tel. 96/32 91 71
kein Ruhetag
Preise: gehoben, Küche: franko-helvetisch mit ungarischen Produkten

Der Besitzer Schweizer, der Küchenchef Franzose, die Umgebung ein in vieler Hinsicht immer noch altösterreichisches Barockstädtchen – da tut man sich tatsächlich schwer, von „köstlichem Ungarn" zu reden. Was bleibt, ist ein ausgezeichnetes Restaurant in einem stimmungsvollen Bau aus dem Jahr 1765 mit ehrgeiziger, kreativer Küche (und erfreulich klein gehaltener Speisekarte), das mit Sicherheit zu den besten Ungarns zählt und vor allem für Geschäftsessen ausgezeichnet geeignet ist. Auch die Weinkarte hat neben ungarischen Spitzenweinen einen Frankreichschwerpunkt.

In der Nähe: Die Stadt im Kisalföld, der so genannten Kleinen Ungarischen Tiefebene, liegt städtebaulich sehr dekorativ am Schnittpunkt dreier Flüsse und bietet die Möglichkeit zu einem ausgedehnten Stadtbummel durch die alten Gässchen. Das so genannte Fabriciushaus birgt gleich drei der vielen Győrer Museen, zu denen auch das heimatkundliche Xantus János Museum am Széchényi tér sowie die sehenswerte Zettl-Langer-Kunstsammlung in der Balfi utca 9 zählen. Sehenswert ist neben dem Liebfrauendom auch das alte Benediktinerkloster, in dem sich heute ein Luxushotel mit einem guten, aber nicht so außergewöhnlichen Restaurant befindet, wie es die Ambiance verdienen würde **(Hotel Klastrom étterem,** Tel. 96/31 56 11) Und last, not least empfiehlt sich Győr als guter Ausgangspunkt für einen Ausflug in die zwanzig Kilometer entfernte Benediktinerabtei Pannonhalma (gegr. 996), Ungarns bedeutendstes Kloster. Hier können kulturinteressierte Gourmets auch auf den Spuren des hl. Martin von Tours, dem Namenspatron der „Martinsgans" wandeln. Nach ihm ist auch das **Szent Márton étterem** (Vár 1) benannt, das zwar tou-

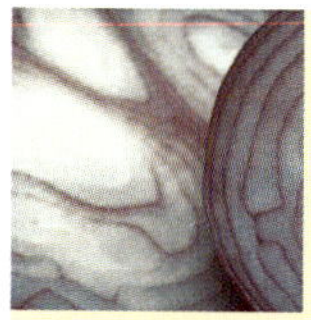

GÄNSELEBER-PAPRIKASCH

Zutaten: *600 g Gänseleber, 2 weiße Zwiebeln*
100 g Speck, 20 g Gänseschmalz, 1 Schuss Barack
etwas Hühnersuppe, 1 EL Paprikapulver
125 ml Sauerrahm, 1 KL Paradeisermark, Salz

Zubereitung: Kühlschrankkalte Gänseleber in mindestens 1 cm dicke Scheiben schneiden. Zwiebeln in dicke Ringe, Speck in dünne Scheiben schneiden. Backrohr auf 200 °C vorheizen. Gänseschmalz in einer Pfanne zerlassen und Gänseleberscheiben auf jeder Seite etwa 1/2 Minute lang scharf anbraten. Gänseleber in eine feuerfeste Form umstechen und im vorgeheizten Backrohr 4–5 Minuten lang garen. Inzwischen das Fett aus der Pfanne abgießen, Speck und Zwiebelringe darin goldbraun rösten. Mit Barack und etwas Suppe ablöschen, paprizieren und Sauerrahm einrühren. Kurz einkochen lassen und mit Paradeisermark sowie einer Prise Salz abschmecken. Gänseleber aus dem Ofen nehmen, Fett abtropfen lassen und in die Pfanne zurückgeben. Etwa 1/2 Minute auf kleiner Flamme ziehen lassen und mit Tarhonya servieren.

ristisch geführt wird, aber fromme Pilger – durchaus im Sinn des menschenfreundlichen Heiligen – mehr als satt macht.

Oben: Altes Hauszeichen in Győr.
Unten: Die reizvolle „Kastanienstadt" Kőszeg.

Hegyeshalom

HATÁR ÉTTEREM

9222 Hegyeshalom
Közúti Határátkelő
Tel. 96/22 14 33
kein Ruhetag,
Preise: Mittelklasse
Küche: klassisch ungarisch und international

Wäre dieses Restaurant unmittelbar neben dem österreichisch-ungarischen Grenzposten von Hegyeshalom keine Autobahnraststätte, sondern eine alte Mühle in der Einschicht, man würde mit Recht fürchten, in eine echte Touristenfalle gegangen zu sein. Doch lassen Sie sich von den vielen Busse vor der Tür und den knallbunt fotografierten Food-Stillives auf der Speisekarte nicht irritieren: Hier hält man auf Produktqualität ebenso wie auf ein solides Preis/Leistungsverhältnis. Das Angebot ist, gelinde gesagt, reichhaltig und umfasst so ziemlich alles, was Schlemmer erfreut: Pilzköpfe mit Gänseleber und Madeirasauce, gebackene Froschschenkel, Fischsuppe im Kessel, Entenbraten mit Champagnerkraut, Spanferkel, Kapuvarer Messerbraten, Kuttelpörkölt, Tournedos Rossini, Zander im Ganzen und Gänseleber in allen Variationen. Die Ambiance ist ähnlich wie in den meisten Raststätten, aber es gibt immerhin mit Tiffany-Glaswänden voneinander abgetrennte Logen. Gut sortiert ist die Weinkarte, die die positive Überraschung an der Grenze komplett macht. Nicht inbegriffen in dieser postiven Einschätzung sind allerdings durch plötzlichen Massenansturm verursachte Schwankungsbreiten.

Kőszeg

TAVERNA FLÓRIÁN

9730 Kőszeg, Várkör 59
Tel: 94/56 30 72 od. 302/15 99 47 Montag Ruhetag
Preise: gehoben
Küche: italienisch

Ein Produkt „altösterreichischer" Freundschaft ist das von einem Ungarn und einer Österreicherin geführte, blitzsaubere Restaurant im alten Stadtturm der intakten Befestigungsanlage der Grenzstadt Kőszeg. Und wie so oft, wenn Österreicher und Ungarn gemeinsam träumen, so träumen sie vom Süden und vom „Land, wo die Zitronen blühen". Von dort stammen auch die meisten Gerichte auf der Karte, die leicht und gediegen, wenngleich selten wirklich außergewöhnlich zubereitet werden. Aber wenn man

ESZTERHÁZY-ROSTBRATEN

Zutaten: *4 Rostbratenscheiben à ca. 200 g, Salz Pfeffer, etwas Mehl, 1–2 EL Butter, 1 Bund Wurzelwerk 1 Bund Frühlingszwiebeln, 3 Sardellen, 75 g Speck 1 EL fein gehackte Kapern, 2 EL Sauerrahm 250 ml Rindsuppe, 125 ml Sauerrahm zum Binden 1 EL Mehl, 1 Prise Zucker, 1 Schuss Zitronensaft 1 EL fein gehackte Petersilie*

Zubereitung: Rostbraten sacht klopfen oder gut durchdrücken und an den Rändern mehrmals einschneiden. Salzen, pfeffern, einseitig bemehlen, in heißer Butter kurz anbraten, wenden und weiterbraten. Inzwischen Wurzelwerk, Zwiebeln und Sardellen feinnudelig sowie Speck würfelig schneiden. Backrohr auf 200 °C vorheizen. In einer geeigneten Kasserolle abwechselnd eine Schicht Wurzelwerk, Zwiebeln und Speck sowie jeweils eine Scheibe Rostbraten anordnen. Die letzte Lage Rostbraten mit Wurzelwerk, Sardellen, verquirltem Rahm und etwas Rindsuppe bedecken.
Rostbraten zugedeckt im Backrohr bei bis auf 160 °C abfallender Hitze mindestens 1 1/2 Stunden lang weich dünsten. Das gegarte Fleisch aus der Kasserolle heben und warm stellen. Von dem verbliebenen Bratenrückstand das Fett abschöpfen. Mehl mit etwas Rahm verquirlen, einrühren und mit Salz, Zucker, Zitronensaft und Kapern abschmecken. Bratensaft einige Minuten lang mollig einkochen. Rostbraten mit der fertigen Sauce überziehen und mit Petersilie garnieren. Mit Spiralennudeln und Gurkensalat als Beilage servieren.

schon in dieser Gegend weilt und nicht tiefer in die ungarische Tiefebene vordringen will, so kann man sich in inspirierendem mittelalterlichen Ambiente, an schönen Sommertagen auch im schmuck begrünten Burggrabengärtchen, wirklich wohl fühlen, sich an feinen ungarischen Weinen delektieren und nach Herzenslust Pasta essen.
In der Nähe: Im Nachbarturm findet man ein kleines Museum. Von hier aus lohnt sich ein Stadtbummel durch die auch als „Kastanienstadt“ bezeichnete Kleinstadt, die zu den schönsten im Grenzland zählt. Kluge Menschen überqueren hier auch die Grenze, was in Kőszeg wesentlich schneller geht als im autoüberfluteten Hegyeshalom.

Magyarszerdahely

RÉGI CSÁRDA PANZIÓ

8776 Magyarszerdahely, 74-es út 1, Tel. 93/70 30 03
kein Ruhetag, Preise; moderat, Küche: bäuerlich-ungarisch

Das hübsche Giebelhäuschen unmittelbar an der Straße zwischen Nagykanizsa und Zalaegerszeg sieht schon von außen recht einladend aus. Es handelt sich dabei um eine ehemalige Poststation, die von der Panzió-Gruppe revitalisiert wurde und in deren Innerem man äußerst behaglich unter einer alten hölzernen Kassettendecke oder in gediegenen Gewölben sitzt. Auch unter den Arkaden im Freien speist sich’s recht gemütlich. Die Küche ist bodenständig im besten Sinne. Probieren sollte man beispielsweise das würzige Kuttelgulasch mit Kümmelerdäpfeln oder das hervorragend zubereitete Kalbspörkölt mit Nockerln. Fein übrigens, dass der nette Service die guten Flaschenweine auch glasweise kredenzt.

Nagykanizsa

KISKAKAS VENDÉGLŐ (Zum Hähnchen)

8800 Nagykanizsa, Múzeum tér 6, Tel. 93/32 16 00
kein Ruhetag, Preise: moderat
Küche: klassisch ungarisch mit vielen Hühnerspezialitäten

Es ist wohl am ehesten das, was man in Ungarn etwas respektlos eine *kocsma* oder, etwas weniger respektlos, ein *kisvendéglő* nennt, nämlich eine einfache Kneipe für einfache Leute. Dahinter verbirgt sich jedoch ein kleines Schlaraffenland, das vor allem ob seiner Hühnerspezialitäten gerühmt wird, die dem Etablissement ihren Namen geben. Die Portionen sind im besten Sinne des Wortes „altungarisch“, und sowohl der Beinschinken nach Bäckerinnenart als auch die Kuttelsuppe sind die Kaloriensünde mehr als wert – zumal das „Hähnchen“ auch wirklich preiswert ist.

In der Nähe: Ein kleiner See lädt zum Boot fahren ein, und Kunstfreunde kommen im so genannten „Kleinschloss“ der alten Komitatsstadt am Erzsébet tér 15 sowie im Thury György Múzeum in der Fő utca 5 auf ihre Rechnung.

Röjtökmuzsaj

SZIDÓNIA KASTÉLYSZÁLLODA (Schlosshotel)

9451 Röjtökmuzsaj, Röjtöki utca 37, Tel. 99/38 00 13
kein Ruhetag, Preise: gehoben
Küche: modern und leicht mit frischen, vor allem auch einheimischen Spitzenprodukten, Info: www.szidonia.hu

Unter den zahlreichen alten Schlössern, die seit dem Fall des Eisernen Vorhangs in Ungarn revitalisiert wurden, zählt Szidónia zweifellos zu den gediegensten. Hier kann man nicht nur urbanen Stress bei einem prächtigen Wellness-Angebot (Badehaus im Schlosspark) von sich abfallen lassen, die sieben Hektar große Anlage in einem riesigen Park eignet sich auch als kalorienbegrenzter Zwischenstopp auf einer (fast möchte man sagen: naturgemäß) kalorienüberreizten Ungarntour. Küchenchef Viktor J. Varga hat sich auf eine gesunde (im Bedarfsfall auch diätetische) Küche spezialisiert, die er unter anderem aus einem hauseigenen Kräutergärtlein und einem wohl gefüllten Dinkelspeicher, aber auch aus regionaler Landwirtschaft (Szürkemarha-Graurind) oder Wild aus den umliegenden Forsten speist. Da er früher im Sheraton Jeddah gearbeitet hat, finden gelegentlich auch orientalische Aromen Eingang in sein Speisenangebot, zu dem etwa eine vorzügliche Rahmspinattorte mit Garnelen, ein Gemüseragout im Dinkeltascherl mit Steinpilzen oder – schon etwas bodenständiger, aber immer noch sehr leicht und flaumig – geräucherter Gänseleberschaum im Blätterteigkörbchen mit Minzsorbet zählen.

In der Nähe: Besonders gut geeignet ist dieses äußerst gepflegte Etablissement auch als Stützpunkt für Gäste der Haydn-Wochen im nahen Eszterházy-Palast, dem „ungarischen Versailles“ in Fertőd, das auch für sich genommen einen Abstecher wert ist.

Sopron

COLUMBUS ÉTTEREM

9400 Sopron, Városi utca 1, Tel. 99/32 90 70
kein Ruhetag, Preise: gehoben, Küche: ungarische und internationale Fischspezialitäten
Info: www.restaurant guide.hu/columbus

Das Ei des Columbus kann, so ist man hier am grünen Stadtrand von Sopron, überzeugt, wohl nur ein Fischei gewesen sein. Das etwas schrill anmutende Restaurant, das von außen wie ein gemauertes Tatarenzelt am Waldrand aussieht, lässt im Inneren keinen Zweifel an seiner fischfreundlichen Ausrichtung aufkommen, auch wenn die Aquarien, die es dekorativ zieren, allesamt mit nicht essbaren Meeresbewohnern, sondern mit Zierfischen ausgestattet sind. Die zum Genuss vorgesehenen Fische schwimmen indessen, wie etwa der im Ganzen gebratenen Plattensee-Zander, nur durch die Küche. Im Übrigen scheint man sich hier eher auf die Zubereitung von Meeresfischen, Jakobsmuscheln und Garnelen spezialisiert zu haben – und tut dies in durchweg ordentlicher, wenn auch selten wirklich enthusiasmierender Art. Die Weinkarte offeriert allerlei, das gut dazu passt.

Gleich daneben:
Zu ausgedehnten Spaziergängen lädt der Lővérek, der nach dem Lővér-Gebirge benannte Grüngürtel am Rande der Barockstadt, ein.

Oben: Schloss Eszteráza in Fertőd, mit Berechtigung auch als „ungarisches Versailles" bezeichnet.
Unten: Prachtvolles Interieur in den Räumen Schloss Eszterházas.

PERKOVÁTZ-HÁZ

9400 Sopron
Széchenyi tér 12
Tel. 99/31 68 39
kein Ruhetag
Preise: Mittelklasse
Küche: klassisch ungarisch mit einigen moderneren Akzenten

Seine Pub-Vergangenheit – Opa Perkovátz jobte in den 1920ern tatsächlich in einem Pub in Liverpool – sieht man dem Restaurant, das in einem der ungezählten sehenswerten Altstadthäuser der Barockstadt Sopron untergebracht ist, heute noch an. Doch sie stört nicht nur nicht, sondern sorgt sogar für eine gewisse britische Behaglichkeit, die zum Duft nach Graurindgulasch, Welspaprikás mit Schafstopfennockerln oder Topfenfleckerln mit Grammeln in einem seltsam dialektischen Verhältnis steht. Ob man der Küche übrigens dafür dankbar sein soll, dass sie die Kalorien pro Portion (bei den Fleckerln sind es 841, beim

Welspaprikás unglaubliche 1667) penibelst angibt, weiß man nicht so recht. Aber vielleicht will sie ja auch nur den Blick darauf lenken, dass die gebackene Gänseleber mit Joghurt-Kartoffelsalat mit „nur“ 1118 Kalorien gegen den Wels geradezu ein Schlankschlemmergericht ist und auch die Somlóer Nockerln mit 1332 Kalorien noch als „lässliche Sünde“ durchgehen.

Aber Kalorien hin und gute Vorsätze her: Es wird ziemlich gut gekocht in diesem altehrwürdigen Gemäuer, und manches von der beängstigend großen Karte zeugt – wie etwa das geräucherte Graurindcarpaccio in Sopproner Irsai Olivér-Sauce, die gelegten Kartoffelfladen mit Topfen und Gemüse oder das Hühnersteak in der grünen Kräuterkruste, zu dem ein grüner Salat mit Grapefruit-Dressing gereicht wird – sogar von einem gewissen kulinarischen Esprit. Die Weinkarte ist sehr okay, die Cocktail- und Whiskykarte sind viel mehr als nur das.

Oben: Rastplatz nach ermüdenden Einkaufstouren: Café Dömötőri.
Unten: Eine Schafsherde bei Somogy.

In der Nähe: Sopron ist es tatsächlich wert, (mindestens) einen Kunst-, Architektur- und Museumstag einzulegen. Die Liste der Musts ist lang und reicht vom Handwerksmuseum am Deák tér über die restaurierte Synagoge in der Uj utca 22 bis zum Römermuseum am Fő tér 6.

Unbedingt erklommen haben sollte man auch den Feuerturm, das Wahrzeichen der Stadt. Wenn dann wieder Appetit aufkommt, werden Weinliebhaber im **Soproni Borház** in der Várkerület 15 (99/51 00 22) fündig, einem der zahlreichen historischen Keller der alten Weinmetropole, wo man sich bei ungarischen Schmankerln quer durch die Top-Kreszenzen des ungarischen Weinbaus kosten kann. Lohnend ist auch ein Abstecher in das zwölf Kilometer entfernte Brennbergbánya, zu Ungarns ältester Kohlenmine (1753), die erst 1952 geschlossen wurde und seither besichtigt werden kann.

Besonders lohnend ist auch ein Ausflug in das Széchenyi-Schloss in Nagycenk, das auch ein Museum über das Leben und Wirken des „größten Ungarn", Graf István Széchenyi, beherbergt, der nicht nur die Budapester Kettenbrücke erbauen ließ, sondern auch in vielen anderen Bereichen ein großer Förderer war.

Heute werden seine Gemächer auch als Schlosshotel genützt **(Hotel Kastély,** 9485 Nagycenk, Kiscenki utca 8, Tel. 99/360 06).

Einen herrlichen Blick über die hübsche Stadt Sopron und ihre Umgebung hat man vom Feuerturm.

Szombathely

WAGNER VENDÉGUDVAR

9700 Szombathely
Kossuth utca 15
Tel. 94/32 22 08
kein Ruhetag
Preise: moderat, Küche: klassisch ungarisch

Im kleinen Gewölbe über der Schank befindet sich ein großes Bild mit einem üppigen Schlemmer-Tableau. Gleich dahinter wird, was darauf zu sehen ist, mehr als nur eingelöst. Denn hungrig kommt hier sicherlich keiner heraus. Wirt Róbert Wagner zählt als Mitglied einer Gastronomen- und Köchedynastie, die ihre Ursprünge bis ins 18. Jahrhundert zurückführen kann, zu den Honoratioren des Ortes, und sein Wirtshaus kann auf eine entsprechend lange kulinarische Tradition verweisen. Gegessen wird behaglich zwischen allerlei stimmungsvollen Accessoires. Und auf den Tisch kommen: Ragoutsuppe mit Semmelknödel, Pilzpaprikás mit Nockerln,

GEFÜLLTER GÄNSEHALS „SZENT MÁRTON“

Zutaten: *4 Gänsehälse, Salz, Pfeffer, 1 EL Butter*
100 g Gänse- oder Geflügelleber, 50 g Gänse- oder Geflügelherzen, 1 KL gehackte Petersilie
150 g Knödelbrot, 2 Eier, 1 Eidotter, 125 ml Schlagobers, 125 ml Sauerrahm, geriebene Schale von 1 Zitrone
1 Msp. edelsüßes Paprikapulver, 1 Msp. Muskatnuss
etwas flüssige Butter zum Bestreichen, etwas Geflügelsuppe zum Aufgießen

Zubereitung: Haut vorsichtig von den Gänsehälsen abziehen, Hälse umstülpen und von den daran haftenden Drüsen und Gerinnseln befreien. Wieder umdrehen, gut waschen, am kleineren Ende zunähen sowie innen und außen salzen und pfeffern. Butter auf kleiner Flamme schmelzen lassen, die klein geschnittenen Gänseinnereien kurz darin anschwitzen, leicht salzen und mit Petersilie vermischen. In einer Schüssel Innereien mit Knödelbrot, Eiern, Eidotter, Obers, Rahm, Zitronenschale und Gewürzen vermengen, mit Salz und Pfeffer abschmecken und etwas anziehen lassen. Hälse mit der Masse füllen, zweite Öffnung vernähen und die gefüllten Gänsehälse in eine leicht befettete Kasserolle legen. Mit flüssiger Butter bestreichen, im auf 180 °C vorgeheizten Backrohr unter regelmäßigem Begießen mit Suppe ca. 45 Minuten lang allseitig braten und mit Erdäpfelpüree und Bratensaft servieren.

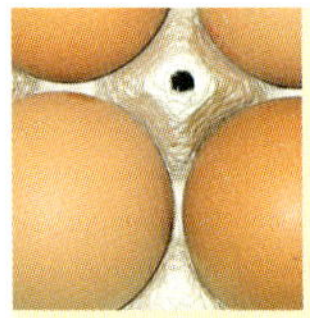

NUDELFLECKEN MIT TOPFEN UND GRAMMELN (Túrós csusza)

Zutaten: *300 g griffiges Mehl, 3 Eier, Salz*
500 g Schweinefilz, 125 ml Sauerrahm, 250 g Bröseltopfen oder Ricotta, Pfeffer aus der Mühle

Zubereitung: Mehl, Eier, wenig Salz und etwas Wasser vermengen und daraus einen glatten Nudelteig zubereiten. Diesen kurz rasten lassen und entweder mit dem Nudelwalker messerrückendick auswalken oder durch eine Nudelmaschine drehen. Teig in annähernd gleich große rhombische Flecken schneiden. Inzwischen Schweinefilz in einer Pfanne auslassen, bis sich Grammeln bilden. Die Grammeln mit einer Schöpfkelle aus dem Fett heben, abtropfen lassen und warm stellen. Verbliebenes Fett aufheben. Nudelflecke in kochendem Salzwasser kernweich kochen und anschließend in einer anderen Pfanne mit 2–3 Esslöffel des verbliebenen Schweinefetts abschmalzen. Sauerrahm und Bröseltopfen darunterrühren sowie mit Salz und Pfeffer abschmecken.
Flecken in einer vorgewärmten Schüssel anrichten und mit den heißen Grammeln übergossen servieren.

Auch als **Topfenhaluska** bekannt. (Foto rechte Seite).

Truthahnbrust Kiew, Schweinsschnitzel mit Leberfüllung, Backhendl mit Erdäpfelpüree oder Cordon Bleu. Satt wird man davon jedenfalls. Und gute Weine, vor allem aus der Balatongegend, gibt es auch.

PANNÓNIA ÉTTEREM ÉS VINOTÉKA

9700 Szombathely, Fő tér 29, Tel. 94/50 95 88
kein Ruhetag, Preise: Mittelklasse
Küche: klassisch ungarisch

In dem vorbildlich revitalisierten barocken Bürgerhaus mitten auf dem Stadtplatz war schon früher der traditionsreiche „Szőkeföldér Gasthof" untergebracht. Das Management hat keinerlei Mühen gespart, um in die alten Gemäuer eine Muster-Csárda mit echtem Strohdach, gemütlichen Nischen, Fayencen, viel renoviertem bäuerlichem Mobiliar, liebevoll bestickten Spitzendeckerln, Strohzöpfen und Laternen zu integrieren.
Gekocht wird, zur Atmosphäre passend, dass die Holzbretter und irdenen Schüsseln die angebotenen Gerichte wie Bakonyer Betyárensuppe, Karpatenzander, Gänseleber mit grünen Nüssen, Bratäpfeln und Rosinenreis, Matráer Strubbelköpfchen, Hasenkeulen in Rotwein mit Spinatpolenta oder geschichtete Palatschinken mit Zimtäpfeln kaum zu tragen vermögen. Dazu trinkt man Topweine von Bock, Weninger, Gere, Legli, Fekete, Oremus oder Huba Szeremley – und freut sich mit zunehmendem Fortschreiten des Mahls auf einen verdauungsfördernden Stadtspaziergang.

In der Nähe: Die Lage im Zentrum der traditionsreichen Komitatsstadt an der alten Bernsteinstraße macht das Pannónia zu einem idealen Ausgangspunkt für einen Architektur- und Museumsbummel. Der barocke Kirchplatz (Templom tér) ist ebenso sehenswert wie das Diözesanmuseum am Berzsenyi Dániel tér, die Synagoge und der Franziskanergarten in einer rekonstruierten alten Festung aus der Römerzeit. Das Pannónia führt im Norden der Stadt auch noch einen Zweitbetrieb, das nach der gleichnamigen Grauburgunderrebe benannte **Csopaki Szürkebarát étterem** (Vizöntő utca 7, 94/50 95 89), wo – kaum zu glauben – noch deftiger als im Haupthaus (z. B. mit Mark gefüllter Schweinekamm, Kalbsgeschlinge, zum Ausgleich aber auch einige Wok-Spezialitäten) aufgekocht wird. Ebenfalls empfehlenswert: die **Pásztor csárda** in der im Westen der Stadt (an der Ausfahrtstraße nach Bucsu) gelegenen Dolgozók útja 1 (94/31 28 84). Und noch einer kulinarischen Reminiszenz kann man hier huldigen: Wie Pannonhalma pocht nämlich auch Szombathely darauf, die Geburtsstadt des „Gänsepatrons" St. Martin zu sein.

UNESCO-Weltkulturerbe: die Benediktiner-Erzabtei Pannonhalma.

Der Őrség ist sowohl reich an markant-unverwechselbaren Weißweinen als auch an Rotweinen. Der so genannte „Ödenburger Spätburgunder" war schon zu Zeiten der Donaumonarchie ein weltweit bekannter Begriff, und das **Weinbaugebiet Sopron** zählt auch nach der Wende wieder zu Ungarns spannendsten Weinbauregionen. Heute ist es allerdings weniger der Burgunder als der Blaufränkisch (Kékfrankos), der hier die besten Ergebnisse erzielt. Außerdem gedeihen viele süffige, unkompliziert zu trinkende Weißweine. Zu den bekanntesten Produzenten zählen u. a. der aus Österreich stammende Winzer Reinhard Weninger in Balf, die Familienkellerei Arnold und Kálmán Jandl in Fertőrákos und die Luka Pincészet in Sopron selbst.

Der Weinkeller von Frigyes Bruckner in Sopron. Das Weinbaugebiet um diese Stadt zählt heute zu den spannendsten Weinbauregionen Ungarns. Es ist der Blaufränkisch (Kékfrankos), der hier ausgezeichnete Ergebnisse erzielt.

Auch südlich von Győr findet man weitläufige Weinberge. Sie gehören zur **Weinregion Pannonhalma-Sokoróalja.** Historisch betrachtet handelt es sich um die „benediktinischen Weine" der gleichnamigen Abtei auf dem Sankt Martinsberg. Mittlerweile säkularisiert, zeichnen sich die Rieslinge, Welschrieslinge und Traminer der Region zuweilen durch überraschend hohe Extrakte aus. Bekannte Produzenten sind u. a. die Hilltop-Kellerei in Neszmély sowie die Pannonhalma Kellereigenossenschaft.

Schon wesentlich weiter südlich liegt das etwa eine halbe Autostunde vom Balaton entfernte **Weinbaugebiet Somló,** das kleinste der ungarischen Weinbaugebiete, das jedoch in vieler Hinsicht ein Solitär ist. Einerseits ragt der alte Vulkan dieses Namens tatsächlich wie eine Insel aus dem Steppenmeer, und anderseits werden hier Weine von kaum vergleichbarer säurereicher und „maskuliner" Eigenart sowie hoher Individualität gekeltert. Der kalziumreiche Vulkanboden verursacht nämlich den bekannt feinherben „Somlóer Geschmack". Neben dem berühmt-berüchtigten Juhfark (Lämmerschwanz) gedeihen hier auch Lindenblättriger (Hárslevelű) und Furmint. Bedeutende Produzenten sind u. a. Béla Fekete in Somlóvásárhely und István Inhauser in Somlószőlős.

Ein FASS ohne Boden

Das Weinland zwischen Pécs und Villány

Sage keiner, dass Ungarn, wie viele im Westen glauben, nur „brettleben" sei. Allein die Landschaft Südtransdanubiens beweist mit den Mittelgebirgen von Mecsek und Villány die unglaubliche Vielfalt dieser von den Flüssen Donau, Drau und Mur abgegrenzten pannonischen Landschaft mit ihren buckeligen Weinbergen, den gewellten Tälern und den sanft abfallenden Wald- und Hügelrücken, zwischen denen sich ungezählte kleine Weinbaudörfer und oft noch recht archaische Siedlungen verstecken.

Die Reise durch die beiden Komitate Tolna und Baranya bietet viele Gelegenheiten, nicht nur Kulinarik, sondern auch Kultur dieses Landstrichs besser kennen zu lernen. Die Ortschaft Öcsény etwa ist für die bunten Stickereien und die Pflege originaler Volkstrachten fast so bekannt wie Pécs für sein edles Zsolnay-Porzellan. Auch am Wegesrand lohnt es sich immer wieder, stehen zu bleiben und Ausschau nach Denkmälern von Volkskultur und Volksfrömmigkeit zu halten. Das schönste davon steht, mitten im flachen Gelände, zweifellos bei Bátaszék und ist einer der schönsten Kreuzwege Ungarns.

Im Mittelpunkt dieses bukolischen, fast schon mediterranen Landstrichs steht die alte Stadt Pécs (Fünfkirchen), mit

Gerichte aus Maismehl gehören hier zu den Landesspezialitäten. Ein Kukuruzhüter kann also beileibe nicht schaden. Zeichnung von Árgád Feszty.

162.000 Einwohnern die fünftgrößte Stadt Ungarns, in der sich nicht nur die großen Straßen der Region, sondern auch die Kulturen kreuzen. Das mohammedanische Element ist hier genauso sichtbar geblieben wie das jüdische, das orthodoxe, das reformierte und das christliche. Der multikulturellen Vielfalt entspricht auch die Küche mit ihren donauschwäbischen, raitzischen, bunjewatzischen, kroatischen und natürlich auch magyarischen Einflüssen. Hier, wo man von jeher in Nudelteiggerichte *(pilácsa)* aller Art verliebt ist, findet man auch die Heimat der Dödölle, jener vor allem in der donauschwäbischen Küche hochgehaltenen Maultaschen, die es mit vielerlei Füllungen gibt. Zu den Landesspezialitäten zählen aber auch Maismehlpogatschen *(prósza)*, Maismehlnockerln (gánica) sowie Gerichte mit dicken Milchsaucen *(tejesmártás)*.

Stolz auf ihre Tradition: Frau aus Szenna in der klassischen Volkstracht der Region Somogy.

Wenn das Stierblut aus dem Brunnen fließt

Die Hauptader der Donau-Drau-Mur-Region ist bei allem Wasserreichtum der Wein. Er bestimmt nicht nur den Tagesablauf der Winzer, sondern er regiert auch das gesamte Brauchtums- und Kirchenjahr. Undenkbar, dass die vor allem von Kindern ob ihres finsteren Aussehens berüchtigte „Luzelfrau" irgendwo auftreten könnte, ohne dass dabei auch ein festlicher Umtrunk oder ein Weinliederfest stattfände. Ebenso unvorstellbar, dass die nur mit Tierfellen und Furcht erregenden Masken bekleideten „Buschos" beim alljährlichen Fastnachtstreiben von Mohács den Winter nicht auch durch reichlichen Genuss von Rebensaft austreiben würden. Und dann gibt es selbstverständlich Weinfeste landauf, landab. Das vielleicht bekannteste davon sind die alljährlich Ende Mai oder Anfang Juni in Szekszárd, eine von Ungarns ältesten und traditionsreichsten Weinstädte, stattfindenden Alisca-Weintage. Hier hat nicht nur der traditionsreiche Weinorden seinen Sitz, im Hof des alten Komitatshauses steht auch der einzige Weinbrunnen des Landes, aus dem Weinfreaks bei besonderen Anlässen unter den Augen des auf einem Fass thronenden Weingottes Bacchus und einer seiner Bacchantinnen ihr Lieblingsgetränk zapfen können. Der Weinbrunnen soll übrigens exakt an jener Stelle stehen, an der man seinerzeit den Sarkophag des in Ungarn ermordeten „Weinkaisers" Probus gefunden hat.

„Kriegerisch" ist auch die Geschichte des Szekszárder Stierblutes, eine Cuvée, um deren populären Namen die Szekszárder Bürger jahrhundertelang mit jenen von Eger

GRAMMEL-POGATSCHEN (Tepertős pogácsa)

Zutaten: *1 kg Grammeln (Grieben), 1 kg Mehl 1 EL Salz, 1 KL schwarzer Pfeffer, 6 EL Weißwein 40 g Germ, 500 ml Sauerrahm, 2 Dotter, 1 Ei*

Zubereitung: Grammeln fein wiegen, mit Mehl mischen, Salz, Pfeffer, Wein, Germ und Rahm untermengen. Dotter in den Teig schlagen und alles zu einem Teig verkneten. Teig etwa eine Stunde rasten lassen. Daraus runde, zylinderförmige Pogatschen von ca. 3 cm Höhe formen, an der Oberfläche Gittermuster einschneiden, mit gut versprudeltem Ei bestreichen und bei 180 °C 20 Minuten knusprig backen.

im Clinch lagen, die für diese Marke mindestens ebenso bekannt sind und in Sachen Popularität lange Zeit die Nase vorne hatten. Erst als in jüngster Vergangenheit die Weinhistoriker ganz eindeutig feststellten, dass die Szekszárder Winzer die älteren Rechte am Stierblut besitzen, ist der Bikavér auch hier wieder „ganz offiziell" in Amt und Würden. Dennoch sind die Weinbauern dieser Region keineswegs nur traditionell orientiert, sondern erweisen sich im Gegenteil als besonders innovativ. So finden sich in den Komitaten Tolna und Baranya etwa weit über dreihundert Hektar biologisch bearbeitete Weingärten, hundert davon direkt in Szekszárd.

Harkány

XAVIN ÉTTEREM

7815 Harkány, Kossuth utca 43
Tel. 72/47 93 99 oder
58 01 58, kein Ruhetag
Preise: gehobene Mittelklasse
Küche: ungarisch-international

Mitten im bekannten südungarischen Heilbad Harkány lässt sich's in fast schon mediterranem Klima vor ebensolcher Kulisse am Fuße des Villány-Gebirges am Unterlauf der Drau bequem kuren. Und wo gekurt wird, werden bekanntlich auch Kurfehler gemacht. Das zu einem hübschen, relativ neuen und mit seinen Balustraden und Arkaden im toskanischen Landhausstil gehaltenen Familienhotel gehörende Restaurant Xavin ist nach dem Spross der Wirtsfamilie benannt und lädt mit Gerichten wie Tournedos Rossini, gespicktem Kaninchenbraten, Wachtel in Rotweinsauce oder Entenbraten mit gedünstetem Kraut und Semmelknödeln zu allerlei sündigen Sidesteps ein. Für Reuige wird aber auch eine gesunde Salat-und-Joghurt-Cuisine angeboten. So oder so: Man speist auf einer hübschen Gartenterrasse mit Springbrunnenblick oder im in gediegenem Altrosa gehaltenen Inneren des Hauses und trinkt, was man hier (so man vom Kurarzt nicht gerade zur Abstinenz vergattert wurde) unbedingt trinken muss: nämlich einen der zahlreichen exzellenten Tropfen der Villány-Siklós-Region.

In der Nähe: Nur 150 Meter entfernt befindet sich das elf Hektar große Thermalbadgelände Harkányi Gyógyfürdő mit Schwefelquellen und auch „ganz normalem" Badewasser. Sehenswert ist auch das kleine Emailmuseum des Künstlers László Morvay im Kirchenhof.

Kaposvár

BOROSTYÁN VENDÉGHÁZ

7400 Kaposvár, Rákóczi tér 3
Tel. 82/32 07 35 oder 51 24 76
kein Ruhetag, Preise: Mittelklasse
Küche: klassisch ungarisch

Das revitalisierte alte Hotel, zu dem dieses Restaurant gehört, liegt gleich gegenüber dem Stadttheater von Kaposvár und wird wohl nicht nur von Theaterbesuchern gerne frequentiert. Die Atmosphäre des Hauses ist, wie übrigens auch jene der Gästezimmer, recht gediegen und man speist in Art-déco-Atmosphäre in relativ engen, aber keineswegs ungemütlichen Nischen. Die meisten Gerichte der Karte, die ohne weiteres etwas kleiner sein könnte, sind nicht rasend originell, aber durchweg sauber zubereitet. Der Bogen reicht von gut abgeschmeckter Fasanenconsommé über allerlei Fisch- und Wildgerichte bis zu den obligatorischen Gundel-

Der Szent István tér in Pécs – selbst Regen wie aus Fässern tut seiner Attraktivität keinen Abbruch.

Palatschinken. Nicht unbedingt ein Gourmet-Treff, aber ein guter Platz zum Wohnen und ein verlässlicher kulinarischer Stützpunkt, von dem aus sich gut gestärkt die Schönheiten der Somogy-Region perfekt erkunden lassen. **In der Nähe:** Nach der Besichtigung der Benediktinerabtei (1061) und der Liebfrauenkirche (1751) lohnt es sich, der von einem Park umgebenen, klassizistische Rippl-Rónai-Villa in Róma-hegy einen Besuch abzustatten, wo ein guter Querschnitt durch das Lebenswerk des hier ansässigen Fin-de-Siècle-Malers vermittelt wird. Auch das 1828–1832 errichtete ehemalige Komitatshaus in der Fő utca 10 wurde mittlerweile zu einem Museum umgebaut. Das benachbarte Vaszary Képtár in der Fő utca 12 birgt eine sehenswerte Sammlung zeitgenössischer Kunst.

Pécs

BAGOLYVÁR VENDÉGLŐ (Eulenburg)

7627 Pécs, Felsőhavi dűlő 6/1, Tel. 72/21 13 33
kein Ruhetag, Preise: ziemlich gehoben
Küche: alles von allem

In dieses von vielen so hoch gelobte Restaurant ohne Taxi zu finden, ist nicht leicht, einen Parkplatz zu ergattern erst recht nicht. Immerhin speist man in einem veritablen Fancy-Restaurant hoch über der vielleicht schönsten Stadt Ungarns mit Blick auf die Moscheekuppel und den viertürmigen Dom. Auch das Ambiente ist – gelinde gesagt – wundersam. Das Entree sieht aus wie die Machtzentrale, von der aus ein moderner Dr. No oder irgendein anderer James-Bond-Bösewicht die Welt regieren könnte. Im Inneren fühlt man sich indessen in Auerbachs Keller versetzt, in den sich allerdings keine gemütliche Saufrunde, sondern vielmehr die gesamte Statisterie der Walpurgisnacht verirrt zu haben scheint. Das Ziegelgewölbe ist kunstvoll, und auch an Kunstlicht hat man – in Form ungezählter bunter Glühbirnchen – nicht gespart. Im Sommer speist man draußen auf der Panorama-Terrasse, im Winter muss man indessen an ziemlich eng gestellten und zum Teil ungedeckten Holztischen Platz nehmen, die entfernt an einen Grinzinger Nobelheurigen erinnern. Das alles ist architektonisch nicht reizlos, und auch der Service macht auf den ersten Blick einen äußerst beflissenen Eindruck, verliert aber dann – zumindest bei vollem Haus – zunehmend die Übersicht. (Was man ihm angesichts der zahlreichen Dinner-Dancer, zwischen denen die Kellner im weiteren Verlauf des Abends ihre Serpentinen ziehen müssen, allerdings nicht wirklich übel nehmen kann.) Die Speisekarte ist riesengroß und bietet so viel, dass schon rein von der Logistik her nicht alles frisch gemacht sein kann. So wird der Zander zwar frisch präsentiert, erweist sich aber bei genauerem Hinsehen als tief gekühlt und nur kurz abgespritzt, bevor er dann in den Frittenpool hüpft. Auch zur Mikrowelle scheint man hier ein absolut unverkrampftes Verhältnis zu haben. Immerhin: Es gibt eine sehr gut sortierte Salatbar. Und mit Gänseleber geht die Küche sogar ziemlich feinfühlig um, indem sie diese – in hervorragender Qualität – auf Apfelscheiben und Linsen anrichtet. Was Gerichte wie Holsteinschnitzel (ja, diesen Gastro-Dinosaurier gibt's hier tatsächlich noch!) und Flämischer Truthahn über den Dächern von Fünfkirchen suchen sollen, fragt man besser nicht, sondern konzentriert sich lieber auf die durchweg klassisch, aber mit Umsicht zubereiteten Spezialitäten aus den umliegenden Jagdrevieren. Dazu kann man sich aus einer sehr gut sortierten Karte etliche der besten Tropfen Ungarns herauspicken. Die lebende Musik ist, um es höflich zu sagen, gewöhnungsbedürftig.

FORTUNA

7624 Pécs, Ferencesek utca 32, Tel. 72/52 55 76
Montag Ruhetag, Preise: obere Mittelklasse
Küche: mediterran-ungarisch

Ganz in Petrolgrün gehalten und geschmackvoll mit Mobiliar im Thonet-Stil eingerichtet ist dieses äußerst gepflegte City-Restaurant, in dem ein paar Palmen, diverse Zierpflanzen und das Art-déco-Flair die Atmosphäre der 1920er Jahre heraufbeschwören. Der Service erweist sich als äußerst zuvorkommend, die Küche ist überraschend mediterran orientiert, was sich nicht nur darin äußert, dass auf jedem Tisch ein Olivenöl- und ein Essigkännchen bereitstehen, sondern sich auf der Speisekarte auch in einem recht umfangreichen Angebot an Scampi, Calamari, Mozzarella, Seezungen und Muscheln auswirkt. Wir hielten uns vorsichtshalber dennoch lieber an die traditionell-ungarische Küche, kosteten vom exzellenten

Wallerpaprikás, erfreuten uns an einer sehr ordentlich zubereiteten Fasanenbrust mit Speck, Pflaumen und Rotwein sowie süß-sündigen Somlóer Nockerln. Die Weinkarte vereint manch Köstliches von Gere, Polgár oder Fekete, und in der Vitrine vor dem Eingang werden sogar noch etliche wirklich alte Tokajer angeboten, so sie nicht mittlerweile schon ausgetrunken wurden.

Das Vasarely-Museum ist dem Mitbegründer der Op-Art gewidmet.

In der Nähe: Die Lage inmitten der Altstadt von Pécs prädestiniert diesen „glücklichen" Ort zum Ausgangs- oder Endpunkt eines ausgedehnten Stadtbummels, der auch eine Tour d'horizon durch drei Weltreligionen ermöglicht. Ein Pflichttermin neben dem Besuch des viertürmigen Petersdoms ist die Besichtigung der ebenfalls katholischen Marien-Stadtpfarrkirche am Széchenyi tér, einer ehemaligen Moschee, von denen es in Pécs einst gezählte siebzehn gab. Die Minarette wurden mittlerweile abgetragen, dafür eine äußerst eindrucksvolle Orgel eingebaut, der man mit etwas Glück auch lauschen kann. Eine bemerkenswerte Angster-Orgel gibt es auch in der jüdischen Synagoge aus dem Jahr 1869 zu bewundern. Die Moschee des Jakowali Hassan Pascha in der Rákóczi utca wiederum ist das am besten erhaltene mohammedanische Bauwerk in Ungarn und zeigt, mittlerweile zu einem Museum umgebaut, türkische Kunst und zahlreiche historische Objekte. Die Pécser Museumsmeile in der Káptalan utca birgt eine Reihe weiterer Museen, und in der Vasarely utca ist dem hier geborenen Op-Art-Mitbegründer Victor Vasarely ein Museum gewidmet. Leckermäuler finden schließlich in der Mecsek Cukrászda am Széchenyi tér ein süßes Paradies vor. Apropos Paradies: Mitte Juni finden in Pécs alljährlich die „Wochen der Kunst und der Gastronomie" statt, dann führt auch eine „Straße der Köstlichkeiten" durch den Ort.

ARANYKACSA ÉTTEREM SÖRÖZŐ ZSOLNAY TEREM VINÁRIUM (Zur goldene Ente)

7621 Pécs, Teréz utca 4, Tel. 72/51 88 60
Sonntag abends geschlossen, Preise: Mittelklasse
Küche: ungarisch-international

Machen Sie einen Fehler nicht: Lassen Sie sich, wenn Sie, nur zwei Gassen vom Széchenyi tér mit der Kassim-Pascha-Moschee entfernt, in die Ottakringer Bierstube der Goldenen Ente fallen, nicht vom Kneipendunst und dem wahrlich wenig einladenden Ambiente irritieren. Gehen Sie stattdessen einfach forsch voran und fragen Sie, wo hier das Zsolnay-Zimmer ist. Man wird Sie dann sofort und äußerst freundlich in ein nahezu elegant zu nennendes Restaurant geleiten, in dem es sogar einen veritablen, allerdings außer Betrieb befindlichen „Weinbrunnen" gibt. Man speist hier auch tatsächlich inmitten von Zsolnay-Fayencen und Keramiklüstern, was für Freunde des edlen, wenn auch vielleicht etwas dekorüberfrachteten Tafelgeschirrs immer noch eine reine Freude ist. Und man speist nicht nur, obendrein zu recht bürgerlichen Preisen, „nach Magnatenart“, sondern auch, wie es zum Namen des Etablissements passt, Ente. Feinschmeckers Lieblingstierchen zieht sich wie ein Leitmotiv durch die Karte, erscheint einmal mit Blaukraut und Dörrzwetschken, zur Abwechslung mit Mandeln und à l'Orange, dann mit Kürbisgemüse und Rösti und noch in allerhand anderen Metamorphosen. Zu behaupten, dass der Entenbraten ofenfrisch auf den Tisch käme, wäre freilich allein schon angesichts dieses Angebots eine glatte Geschichtslüge. Bleibt immer noch das Vergnügen, auf Zsolnay gespeist und herrliche Weine aus dem stimmungsvollen Vinárium getrunken zu haben sowie sehr zuvorkommend bedient worden zu sein.

In der Nähe: Vorbeischauen sollten Freunde edler Keramik unbedingt beim Zsolnay-Brunnen auf dem Jókaiplatz (gleich neben dem Széchenyi tér), einem Prachtstück des Jugendstils mit der typischen Eosin-Glasur ortstypischer Majoliken. Wer Lust auf mehr davon hat, sollte schließlich einen Besuch des Zsolnay-Museums in der Museumsmeile der Káptalan utca 2 nicht versäumen, wo die Produkte der Pécser Porzellanfabrik ausgestellt sind, die neben jener in Herend als bedeutendste Ungarns gilt.

GRÓF-APPONYI-TORTE

Zutaten: *10 Eiklar, 160 g Staubzucker, 50 g geriebene Haselnüsse, 120 g geriebene Schokolade, 30 g Mehl*
für die Schokoladecreme: *5 Eidotter, 200 g Zucker 1 1/2 EL Wasser, 150 g Schokolade, 200 g Butter gehackte Pistazien und Hohlhippen zum Verzieren*

Zubereitung: Aus dem Eiklar sehr steifen Schnee schlagen, mit Staubzucker ausschlagen. Haselnüsse, geriebene Schokolade sowie das Mehl vorsichtig unterziehen. Das Backrohr auf 200 °C vorheizen und aus dieser Masse vier Tortenblätter backen, indem man entweder vier einzelne Böden getrennt bäckt (ca. 10 Minuten) oder aber einen hohen Tortenboden (ca. 40 Minuten) nach dem Auskühlen in vier Blätter teilt. Für die Schokoladecreme Eidotter mit Zucker und Wasser zunächst über Dampf schaumig und dann über Eiswasser wieder kalt schlagen. Schokolade im Wasserbad schmelzen und gemeinsam mit der schaumig gerührten Butter unter die Eiermasse mengen. Nun jeden der ausgekühlten Tortenböden so fassonieren (zurechtschneiden), dass daraus ein regelmäßiges Sechseck entsteht. Die Tortenböden mit der Creme bestreichen, aufeinander setzen, wobei das oberste Blatt mit Creme überzogen und mit gehackten Pistazien dekoriert wird. Die Seitenflächen mit Creme bestreichen und mit senkrecht aneinandergereihten Hohlhippen verzieren.

Das Schloss zur Torte steht in Hőgyész, einer Ortschaft an der Landstraße 65, etwa auf halber Strecke zwischen Pécs und dem Balaton. Wie in so vielen alten Schlössern wurde auch hier nach der 2001 abgeschlossenen Renovierung ein Schloss-, Hochzeits- und Wellnesshotel eingerichtet **(Hotel Gróf Apponyi,** *7191 Hőgyész, Ady Endre utca 2, Tel. 20/460 21 34), zu dem auch ein sehr gepflegtes Restaurant gehört.*

KALAMÁRIS VENDÉGLŐ
(Zum Tintenfass)

7623 Pécs, Rákóczi utca 30
Tel. 72 31 25 73, kein Ruhetag
Preise: gehobene Mittelklasse
Küche: ungarisch-international
Info:
www.pecsinfo.hu/kalamaris/html/

Nein, das Kalamaris ist kein Grieche, und es gibt auch keine Tintenfische auf der Karte. Besonders romantisch wirkt dieses kulinarische „Tintenfass“ jedoch auch nicht, präsentiert es sich doch eher sachlich in einem Neubau gelegen, und sein aufs Erste nicht eben anheimelnder Cafeteria-Charme beginnt erst dadurch zu leben, dass es hier eine Weinkarte der besonderen Art gibt. Sie erscheint in Person des ebenso kundigen wie sympathischen Sommeliers und umfasst über zweihundert Etiketten, die in einem riesigen Weinschrank nebeneinander geschlichtet sind und so kompetent kommentiert wie liebevoll kredenzt werden. Die Glaskultur ist vorzüglich, und der Sommelier lässt es auch nicht zu, dass man einen Wein verkostet, bevor das Weinthermometer die seiner Meinung nach optimale Temperatur anzeigt (eine sympathische Marotte, die allerdings mitunter zu Wartezeiten führen kann). Erfreulich ist, dass man hier – was in Ungarn sonst eher unüblich ist – einige auf einer Schiefertafel angepriesene Bouteillenweine auch glasweise kredenzt bekommt. Die Weinpreise sind relativ gehoben, die Speisekarte ist indessen maßvoll ausgepreist. Sie ist umfangreich und bietet von allem etwas, darunter auch ein paar typische Gerichte aus der Baranya-Region wie etwa Hühnergulasch mit Ingwer und Rahm, Geflügelstrudel mit Rotweinpflaumen, Rehfilet mit Gänseleber oder Mohnnudeln mit Äpfeln und Rosinen. Im Sommer kann man dank eines hübschen Schanigartens auch im Freien sitzen, während das Restaurant – für besonders heiße Tage – auch im Inneren angenehm klimatisiert ist.

Eine Jugendstil-Keramikarbeit im Garten des Zsolnay-Museums.

MORIK CAFÉ
(Zum Elefanten)

7621 Pécs, Jókai tér 6
Elefántos ház, Tel. 72/44 99 58
oder 21 50 26, kein Ruhetag
Preise: moderat,
Küche: nur Snacks

Es zählt zweifellos zu den schönsten Kaffeehäusern des an solchen nicht gerade armen Ungarn. In der mittelalterlichen Ambiance des Elefantenhauses kann man hier, rund um eine aus dem 13. Jahrhundert stammende Säule, auf herrlich geräumigen Bugholz-Sesseln rund vierzig Kaffeesorten verkosten, die ohne Übertreibung zum Besten zählen, was man auf dieser Welt zum Thema Kaffee bekommen kann. Als kleine Draufgabe gibt's neben dezenter klassischer Musik und charmanten Kellnerinnen in ungarischer Tracht auch einen durch die Säule in vier Felder unterteilten Sternenhimmel, der wie in einem Planetarium alle wichtigen Gestirne des Firmaments als güldene Pünktchen auf nachtblauem Untergrund zeigt. Ein Tipp für

Hobby-Astronomen: Die Kaffee- und Getränkekarte erweist sich bei genauerer Betrachtung auch als Sternenkarte, welche die Identifikation der wichtigsten Gestirne von jedem Platz des Cafés aus ermöglicht.

Rund vierzig Kaffeesorten kann man im Morik Café verkosten.

Wer wissen will, was sich hinter dem Firmament verbirgt, erfährt es, wenn er die Treppen hinaufsteigt: Es ist ein, allerdings eher unauffälliges, Restaurant.

TETTYE VENDÉGLŐ

7625 Pécs, Tettye tér 4, Tel. 72/53 27 88, kein Ruhetag
Preise: Mittelklasse, Küche: donauschwäbisch

„Im Glück nicht jubeln, im Leid nicht klagen, das Unvermeidliche mit Geduld ertragen." So liest man es auf einem der zahlreichen bestickten Spitzendeckchen, die in diesem donauschwäbischen Restaurant mit deutsch-ungarischer Küche einen wesentlichen Teil der sonst eher kahlen Ambiance ausmachen. Glückhaft gerät hier, in unmittelbarer Nachbarschaft der namensgebenden Tettye-Ruine, vor allem, was schwäbisch-deftig und somit entsprechend kalorienreich ist. Die Karte verweist gleich auf 77 (!) durchnummerierte Positionen. Wer beispielsweise als Vorspeise die Kalbsragoutsuppe mit Kartoffelknödel und als Dessert die Kastanienpalatschinken mit Schokosauce bestellt, der braucht keine Hauptspeise mehr, da mag der Gemütlichkeit und Hedonismus ausstrahlende Oberkellner noch so sympathisch (und obendrein in fast akzentfreiem Deutsch) für sein Spanferkel in Biersauce oder die üppige Gänsekeule auf Champagnerkraut werben. (Gerichte, von denen er mit vorgehaltener Hand abrät, sollte man übrigens tatsächlich nicht kosten, denn der Mann meint es ehrlich mit seinen Gästen.) Die Auswahl lokaler Weine aus Villány ist klein, aber fein, und lebende Musik gibt's am Abend auch. An schönen Tagen sollte man übrigens unbedingt einen Platz im Garten bestellen.

Szekszárd

ARANY KULACS KISVENDÉGLŐ

7100 Szekszárd, Nefelejcs köz
Tel. 74/41 33 69 oder 30/993 18 55, kein Ruhetag
Preise: Mittelklasse Küche: klassisch ungarisch

Einer der schönsten Plätze an der Szekszárder Weinstraße blüht zwar, wie man meinen könnte, im Verborgenen, aber keineswegs im Geheimen. Die ungarischen Weinfreunde und jene, denen sie ihre Lieblingsadressen verraten, wissen schon, was sie an diesem hübschen önophilen Idyll in einem alten Kellergewölbe mit hübscher Terrasse haben.

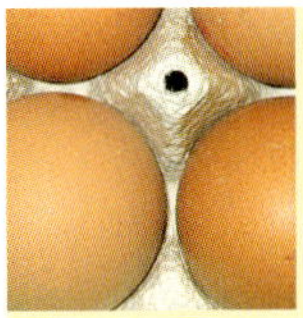

SALZKIPFEL NACH ART DER DONAUSCHWABEN

Zutaten: *30 g Germ, 1 dl Milch, 1 Prise Zucker*
700 g Mehl, 150 g Schmalz, 2 Eier, 2 TL Salz
1–2 Bratwürste, 1 EL Kümmel

Zubereitung: Germ zerkrümeln und in wenig gezuckerter Milch einweichen. 2 EL Mehl hinzufügen und zugedeckt an einem warmen Ort gehen lassen, bis sich das Teigvolumen verdoppelt hat. Inzwischen aus Schmalz und Mehl einen Teig kneten und anschließend den aufgegangenen Vorteig, eines der beiden Eier sowie etwas Salz dazugeben. Mit der restlichen lauwarmen Milch gut verkneten, bis ein mittelfester Teig entsteht, der Blasen wirft. Denselben nochmals gehen lassen, abermals durchkneten und noch einmal eine Weile rasten lassen. Danach vier Kugeln daraus formen und diese abermals gehen lassen. Jede der Kugeln zu einer halbfingerdicken Teigplatte ausrollen, mit heißem Schmalz bestreichen, mit etwas Kümmel bestreuen und jeweils acht gleichmäßige Dreiecke daraus schneiden. In die Mitte jedes dieser Dreiecke eine dünne Scheibe Bratwurst legen und dann Kipfel daraus formen. Die Kipfel auf ein gefettetes Blech legen, das zweite Ei aufschlagen, verquirlen und damit die Kipfel bestreichen. Mit dem Rest des Kümmels bestreuen und im auf 180 °C vorgeheizten Ofen goldbraun backen.

Gekocht wird nach Csárda-Manier alles, was gut und üppig ist, von der exzellenten Halászlé bis zum rasant gewürzten Wildgulasch. Beides macht Durst, den man allerdings besser mit Mineralwasser als mit den exzellenten Szekszárder Blaufränkischen stillen sollte, die durchaus verdienen, Schluck für Schluck „gebissen“ zu werden. Kluge Weinreisende sind auch gut beraten, das Arany Kulacs lieber antizyklisch zu frequentieren. An Wochenenden und vor allem während des dreitägigen Szekszárder Weinfestes am letzten Septemberwochenende (Do–So) kann es hier nämlich auch zu qualitativen Schwankungen und längeren Wartezeiten kommen. Tischreservierung ist in jedem Fall ratsam.

In der Nähe: Im Herzen der Szekszárder Weinberge lohnt die alte Eremitenkapelle aus dem Jahr 1760 den Besuch ebenso wie die Ruinen der alten Benediktinerabtei im Hof des Komitatshauses am Béla tér. Im Augusz-Haus, in dem Franz Liszt häufig zu Gast war, findet sich ein kleiner Gedenkraum für den großen Pianisten und Komponisten, der Szeksárd sogar eine eigene Messe widmete und gerne dem Szekszárder Kadarka, einem heute noch gekelterten, rubinroten und sehr angenehm trinkbaren Wein, zusprach – eine Leidenschaft, die er, nebenbei bemerkt, mit seinem Komponistenkollegen Franz Schubert und Papst Pius IX. teilte. Lohnend ist schließlich auch noch ein kurzer Abstecher in den zehn Kilometer entfernten Gemencer Wald, ein Wildreservat inmitten des Donau-Drau-Nationalparks, das auch von einer Kleinbahn und einem Donaudampfer durchquert wird.

Villány

FÜLEMÜLE CSÁRDA

7773 Villány, Kültelek, Tel. 72/48 00 77 oder 49 29 39
kein Ruhetag, Preise: Mittelklasse,
Küche: bäuerlich-ungarisch

„Zur Nachtigall“ – so heißt diese anderthalb Jahrhunderte alte Csárda, deren Inneneinrichtung auch hält, was der romantische Name verspricht. Unter der schönen Holzdecke sitzt sich's hier, auf halber Strecke zwischen Villány und dem Kellergassenviertel in Villánykövesd, recht gemütlich mit Blick auf die alten Pusztawagen draußen vor der Tür. Blaue Tischtücher mit Spitzendecken und schöne Blumenarrangements sorgen nebst Kachelofen für wohlige Wärme, die sich – wenn die Zigeuner aufspielen – auch schon einmal zur feurigen Glut steigern kann. Auf verschiedenen Displays sind all jene Weine drapiert, die es sich in Villány zu trinken lohnt, darunter auch die exzellenten Blauen Portugieser von Wunderlich. Das Sortiment umfasst allerdings auch edle Tropfen von Polgár, Kecskés und Roth. Zu den Hausspezialitäten zählt das Welspörkölt mit Topfenfleckerln, und das Hühnerpaprikás mit frisch gemachten Nockerln war genau, was man sich unter solider ungarischer Hausmannskost vorstellt. Auch das Wielander Kellergulasch (Villány heißt bei der deutschen Bevölkerungsgruppe Wieland) mit Hirn in Rotweinsauce sollte man – alleine schon aus Neugierde – gekostet haben. Was uns indessen bei unserem letzten Besuch überhaupt nicht gefallen hat, war die viel zu laute Rap-Musik, die ebenso aus der Konserve kam wie leider auch so manche der Beilagen. Ein gewisses „Back to the roots" (die erfolgreiche Revitalisierung erfolgte Ende der 1990er Jahre) wäre sicherlich wünschenswert.

Seit 150 Jahren gibt es die Csárda „Zur Nachtigall".

In der Nähe: Nur wenige Autominuten von Villány entfernt liegt am Fuße des Villánygebirges die 400-Seelen-Gemeinde Villánykövesd, in der man die schönste Kellergasse außerhalb des österreichischen Weinviertels findet. Die 57 „Kellerstöckeln" stehen, ebenso wie die „Weinkathedrale" im großen 1754 errichteten Batthyány-Weinkeller, unter Denkmalschutz. Mitte September wird hier alljährlich das Internationale Trinkliedfestival Pécs eröffnet. Sehenswert ist auch das Kellerdorf im nahen Palkonya.

OPORTÓ ÉTTEREM

7773 Villány, Baross Gábor utca 33
Tel. 72/49 25 82
kein Ruhetag
Preise: Mittelklasse
Küche: klassisch ungarisch

Wer hier Portwein bestellt, wird – trotz des einschlägigen Restaurantnamens – nicht fündig werden. Die Ungarn meinen, wenn sie von Oportó sprechen, nämlich ihren Blauen Portugieser, der in der Gegend um Villány mit besonders guten Resultaten gekeltert wird. „Zum Blauen Portugieser" heißt daher auch dieses csárdaähnliche Restaurant im Herzen des Weinorts Villány. Um es zu betreten, muss man allerdings erst ein etwas seltsam anmutendes Gestänge mit Weinfass-Display (das Türschild besteht aus Fassdauben) durchschreiten, bevor man sich im rustikalen Inneren unter einer Kassettendecke auf schönen Holzstühlen niederlassen kann. Echtes Silberbesteck, ein paar alte Ölgemälde und eine Pendeluhr verstärken den Landhauscharakter dieses

Etablissements, das eine gute Gelegenheit offeriert, sich durch die besten Kreszenzen von Villány zu kosten. Alle großen Namen von Polgár über Gere und Tiffán bis hin zu Bock sind hier vertreten. Auch aus Eger und Tokaj gibt es einige vortreffliche Tropfen. Der Kellner hingegen ist ein wenig von der naseweisen Sorte und versucht dem Gast alles auszureden, was nicht zu den absolut teuersten Weinen auf der Karte zählt.

Auch ansonsten ist der Service mit dem Wörtchen distanziert nur unzureichend beschrieben. Die Küche ist mit Kuttelgulyas, Villányer Vöglein (einem Schweineschnitzel, das mit Wurst, Fleisch, Gurken und Eiern gefüllt ist), Gänseleber sowie diversen Fischen vom Rost eher von der bodenständigen Sorte. Leider bleibt den Fischen auch hier der lange Marsch durch Tiefkühltruhe und Fritte nicht erspart, und auch der Entenbraten hatte schmeckbar schon knusprigere Epochen hinter sich. Die guten Topfennudeln mit Grammeln haben uns dann wieder entschädigt.

In der Nähe: Das in einem alten Zehentkeller (dem ehemaligen Teleki-Keller) untergebrachte Villány Bormúzeum in der Bem utca 8 (72/49 21 30) wurde ebenso wie der in einer Tropfsteinhöhle endende Weintunnel im Steinbruch am Templom-Berg vom Villányer Weinweg-Verein ins Leben gerufen. Ebenfalls sehenswert ist der nahe Skulpturenpark am Szársomlyóberg, der zwischen Villány und Nagyharsány liegt, wo 1687 jene Entscheidungsschlacht stattfand, die mit der Vertreibung der Türken aus Ungarn endete.

Die schönste Kellergasse Ungarns: Villánykövesd.

Wer die Spitzenweine Villánys nicht in der Gastronomie, sondern beim Winzer selbst verkosten möchte, der findet dafür etliche empfehlenswerte Möglichkeiten: **József Bock** etwa betreibt in der Batthyány utca 15 eine Familienpension, in der Gruppen gegen Voranmeldung (72/49 29 19) auch speisen können. Ebenfalls wohnen, kosten und kalte Köstlichkeiten genießen können angemeldete Gruppen (ab 15 Personen) in **Attila Geres Pince** am Diófás tér 4 (72/59 20 19). Nicht nur für angemeldete Gruppen, sondern für jedermann wird von Donnerstag bis Sonntag von 15.00–21.00 Uhr in der **Buschenschank der Familie Polgár** im nahen Kellerdorf Villánykövesd (Pincesor 51–52) „ausgekocht". Die Familie Polgár führt in Villány selbst, in der Hunyadi utca 19 (72/49 20 53), auch eine Pension, in der man sehr schön wohnen und den leider immer seltener angebauten Kadarka vom Haus verkosten kann.

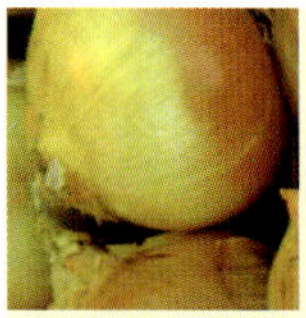

WILDENTE AUF VILLÁNYER ART

Zutaten: *1 ganze Wildente, 300 ml Hühnersuppe 80 g Butterschmalz, 1 kleine Zwiebel, 150 g frische oder 50 g getrocknete Waldpilze, 200 ml Kékoportó (Blauer Portugieser), 1 Stück Würfelzucker, Salz, Pfeffer*

Zubereitung: In einem Topf Suppe, Butterschmalz, die in ein Gazesäckchen gebundene Zwiebel, Pilze und die Hälfte des Rotweins aufkochen. Die zugeputzte und geviertelte Wildente in die Kasserolle legen. Sobald sich die Poren geschlossen haben, Hitze stark reduzieren und die Wildente zugedeckt gar dünsten (notfalls etwas Hühnersuppe nachgießen). Danach den Rest des Rotweins angießen. Zuckerwürfel in einer Pfanne anbräunen und dann in die Sauce geben. Diese nochmals aufkochen lassen. Zwiebelbeutel entfernen, Wildente auf einer vorgewärmten Platte warm stellen, Sauce sämig einreduzieren, mit Salz und Pfeffer abschmecken und damit die Entenstücke umgießen. Mit Kartoffelkroketten oder Tarhonya servieren.

SÜSSE HÁRSLEVELŰ-SUPPE NACH SIKLÓSER ART

Zutaten: *1 l Hárslevelű (Lindenblättriger), Saft und Schale einer Zitrone, etwas Zimt, 1–2 Gewürznelken 8 Eigelb, 8 gehäufte EL Zucker*

Zubereitung: Den Lindenblättrigen mit Zitronensaft, Zimt, Nelken und fein gehackter Zitronenschale aufkochen. Eigelb mit Zucker schaumig rühren und den heißen Wein nach und nach vorsichtig und unter ständigem Rühren damit vermengen. Sobald die Masse homogenisiert, die Suppe entweder wieder aufsetzen oder im Wasserbad bzw. über Dampf so lange mit einer Schaumrute weiter schlagen, bis sie dick und sämig ist. Danach durch ein Sieb passieren und heiß servieren. Besonders gut mundet diese süße Suppe, wenn man dazu Kuchenstücke serviert.

WEINE RUND UM PÉCS UND VILLÁNY

Die alte Weinstadt Pécs ist Teil des **Weinbaugebiets Mecsekalja,** in dem früher vor allem der süffige Rotwein aus der autochthonen Kadarka-Rebe populär war. Seit deren zunehmendem Rückgang sind es hingegen vor allem körperreiche, häufig auch halbtrockene Weißweine der Sorten Welschriesling, Zierfandler und Chardonnay, die man mit diesem Gebiet assoziiert. Bedeutende Produzenten sind u. a. Eberhardt György und die Domaine Dreyer in Mohács. Südlich von Pécs liegt Ungarns großes Rotweinreservoir, das Weinbaugebiet **Villány-Siklós.** Hier wachsen dank des „mediterranen" Klimas vor allem Blaufränkisch, Cabernet Sauvignon und sogar der sonst als eher kurzlebig bekannte Blaue Portugieser (Kékoportó) zumeist in kleinen Eichenfässern zu großen, tanninreichen und vollmundigen Weinen heran, die ihren alten Namen „Weine der Kavaliere" heute mehr denn je zuvor wieder verdienen.

Duftender Rohstoff für feine Kreszenzen.

Das benachbarte Siklós ist hingegen eher für feurig-opulente Weißweine der Sorten Lindenblättriger (Hárslevelű) und Welschriesling bekannt. Eine ganze Reihe der bekanntesten ungarischen Weinbaubetriebe sind in Villány angesiedelt, darunter beispielsweise die Bock Pince, Attila Gere (der hier auch mit dem österreichischen Winzerstar Franz Weninger zusammenarbeitet), Polgár Pincészet, Ede und Zsolt Tiffán sowie Alajos Wunderlich. Unmittelbar am rechten Donauufer liegt mit dem **Weinbaugebiet Szekszárd** eine nicht minder traditionsreiche Weinregion. Sie war einst für das Szekszárder Kadarka – angeblich der Lieblingswein von Franz Schubert und Franz Liszt – weltberühmt und produziert als Cuvée aus mehreren Rebsorten auch den Szekszárder Bikavér, das örtliche „Stierblut". Mittlerweile werden hier jedoch auch mit Blaufränkisch, Merlot und Cabernet Sauvignon große Erfolge erzielt. Bekannte Produzenten sind u. a. die Aliscavon-Kellerei mit ihrer „Szent Gaál Kastély"-Serie sowie die Familiengüter Dúzsi Támas, Takler Ferenc, Vesztergombi Ferenc und Vida Péter, allesamt in Szekszárd.

Nordwestlich von Szekszárd erstreckt sich auch noch das **Weinbaugebiet Tolna,** das bis 1997 zu Szekszárd gehörte, aber aufgrund seiner sehr eigenständigen, sehr reduktiv ausgebauten Weißweine, deren Bandbreite von Chardonnay über Sauvignon Blanc und Grünem Veltliner bis zu Traminer reicht, in die „Unabhängigkeit" entlassen wurde. Bedeutende Produzenten sind u. a. Gróf Károlyi in Bonyhád und die im Besitz der berühmten Budapester Spirituosenfabrik Zwack befindliche Kellerei Eurobor in Bátaapáti.

Wo der rote PFEFFER wächst

Durch die Große Ungarische Tiefebene

Ein Sonntag ohne Paprika ...

Ist kein Sonntag. – Das sagt zumindest ein altes Sprichwort aus Szeged. Tatsächlich essen die Ungarn paprizierte Gerichte jedoch keineswegs nur an Feiertagen, sondern auch wochentags. Und nicht wenige meinen, die offensichtliche Liebe zu scharfen Paprikagerichten müsse wohl auf das wilde Temperament der hunnischen Reitervölker zurückgehen. Doch weit gefehlt: Als der Paprika kurz vor 1800 in der ungarischen Küche populär wurde, gab es die Hunnen längst nur noch in alten Sagenbüchern. Und die Ungarn haben ihr Kesselfleisch bis dahin mit schwarzem Pfeffer, aber ganz und gar ohne Paprika zubereitet. Tatsächlich hielten die mild bis brennend schmeckenden Früchte der Gattung *Capsicum* aus der Familie der Nachschattengewächse, zu der auch so unterschiedliche Pflanzen wie Erdäpfel, Tomaten und Tabak zählen, erst Jahrhunderte, nachdem sie auf Christoph Columbus' Schiffen erstmals nach Europa transportiert waren, in Ungarn Einzug. Schuld daran war übrigens Napoleon, dessen Kontinentalsperre den Pfeffer aus Übersee rar machte und die Magyaren dazu zwang, ihn durch den damals auch „türkischen Pfeffer“ genannten Paprika zu ersetzen, der bislang nur in ein paar Klostergärten gedieh und für eine ungenießbare Zierpflanze gehalten wurde.

Als man Ende des 18. Jahrhunderts jedoch erkannte, dass der Paprika auf den son-

Pause während eines anstrengenden Arbeitstags: Kaffeeausschank auf dem Marktplatz in Szolnok. Zeichnung von Ludwig Ebner.

nenbeschienenen ungarischen Lössböden geradezu ideale Wachstumsbedingungen vorfand, begannen die ungarischen Städte Szeged und Kalocsa schon bald um den Ehrentitel „Welthauptstadt des Paprika“ zu rittern, und die Paprikamüller scheuten keine Mühe, um die getrockneten Schoten zwischen Steinen und Stahlzylindern zu edlen Pülverchen von vier Sorten *(különleges, csemege, édesnemes* und *rózsa)* und unterschiedlichsten Geschmacksrichtungen von *édes* (süß) und *félédes* (halbmild) über *csípős* (scharf) bis zu *erős* (brennend scharf) zu vermahlen.

Dass die meisten Ungarn die scharfen Sorten bevorzugen, ist übrigens eine Mär. Im Gegenteil: Sie sind stolz auf das von ihnen entwickelte Extraktionsverfahren, mit dem es gelingt, dem Paprika das scharfe Capsaizin auszuwaschen und somit die beißende Schärfe zu entziehen, ohne dass Frucht und Aroma darunter leiden. Paprika wird in Ungarn obendrein ziemlich sparsam dosiert. Das ist wohl auch der Grund, warum der Gewürzpaprika durch den Budapester Meisterkoch Károly Gundel auch Eingang in die internationale „Grande Cuisine“ fand. Gundels großer Kollege Auguste Escoffier ließ sich 1879 sogar eine „Extraladung“ roten Paprika aus Szeged nach Monte Carlo kommen, um dort seinen Gästen die Saucen „heiß“ zu machen.

Damals wie heute leuchtet das „rote Gold“ weithin sichtbar in der südlichen Tiefebene. Im Spätsommer, wenn die Schoten reif sind, beginnen die Felder zu glühen, und nach der Ernte leuchten die auf den Schnüren trocknenden Paprikazöpfe tiefrot unter den Dachtraufen der Bauernhäuser rund um Szeged, aber vor allem auch rund um die traditionsreiche Bischofsstadt Kalocsa, wo jedes Jahr in der zweiten Septemberwoche auch festliche Paprikatage stattfinden und es in der Szent István király utca 6 auch ein besonders hübsches Paprikamuseum gibt.

Oben: Idealtypischer Lebensraum für die Graurinder der Tiefebene. Unten: Albert Szent-Györgyi isolierte Vitamin C erstmals aus Paprika – und erhielt dafür den Nobelpreis.

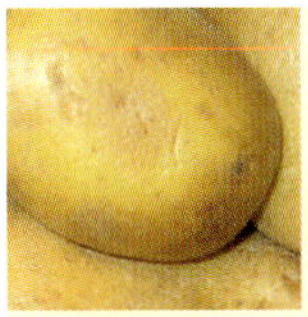

BOGRÁCSGULYÁS (Kesselgulasch)

Zutaten: *750 g Rindfleisch, 1 EL Schmalz 150 g Räucherspeck, 3 Zwiebeln, 1 kg Erdäpfel 2 Paradeiser, 1 Paprikaschote 2 EL edelsüßes Paprikapulver, 250 g Zupfnockerl (Csipetke), 3 Knoblauchzehen 1 TL Kümmel, Salz, Suppe oder Wasser zum Aufgießen*

Zubereitung: Rindfleisch würfelig schneiden. Klein geschnittenen Räucherspeck in Schmalz auslassen, gehackte Zwiebeln darin weich dünsten und Fleischwürfel mitrösten. Nach wenigen Minuten mit Salz, Kümmel, gepressten Knoblauchzehen und Paprikapulver würzen. Sofort mit ganz wenig Wasser oder Suppe ablöschen und alles zugedeckt bei kleiner Hitze dünsten. Verdunstete Flüssigkeit regelmäßig nachgießen. Nach etwa 1/2 Stunde würfelig geschnittene Erdäpfel, Paprikaschoten und Paradeiser zugeben, mit etwa 2 l Wasser auffüllen und fertig garen. Kurz vor dem Servieren Cipetke mitkochen. Dazu knuspriges Weißbrot sowie scharfe Paprika- bzw. Pfefferonischoten reichen.

Die Gulyás-Frage

Das Gulyás ist, so seltsam uns das heute anmuten mag, weit älter als der Paprika. Das Gericht, das seinen Namen nach dem ungarischen Wort *gulya* (Rinderherde) trägt, ist ursprünglich nichts anderes als ein von den nomadischen Vorfahren der Magyaren besonders geschätztes, eher suppiges Gericht aus (ursprünglich getrocknetem) Rindfleisch, dessen Zubereitung keine feste Feuerstelle voraussetzte, sondern lediglich drei Hirtenstäbe, an denen man den *bogrács* genannten Kessel aufhängen und darunter Feuer entfachen konnte.

Über das Wesen des Gulyás ließen sich ganze Dissertationen schreiben. Ein paar einfache Faustregeln helfen jedoch bei der Orientierung im Gulyás-Kosmos: Das Gulyás (mit viel Wasser *gulyásleves,* mit weniger Wasser *gulyáshús)* ist demnach eine einfache „Gulaschsuppe“ aus dem Kessel, die ohne Mehl, aber mit Erdäpfeln zubereitet und mit Paprika und Kümmel gewürzt wird. Wird das Fleisch in Schmalz, Speck und Zwiebeln angeröstet und mit Tomaten oder Gemüsepaprika garniert, so wird daraus ein Pörkölt (auf Deutsch: Geröstetes).

Verfeinert man *gulyásleves* oder *gulyáshús* mit Sauerrahm oder Obers, so wird es zum *paprikás*. Und bereitet man das Pörkölt wie in früheren Zeiten mit schwarzem Pfeffer oder zumindest mit wesentlich weniger Paprikapulver zu, so spricht man in der klassischen ungarischen Küche von einem *tokány*. Mittlerweile bereitet man jedoch auch das Tokány fast immer mit Paprikapulver zu, das hier allerdings sehr sparsam dosiert wird.

Mindestens ebenso wichtig wie die richtige Paprikadosage ist bei der Gulyászubereitung jedoch der richtige Umgang mit Zwiebeln, die in unterschiedlichen Röststufen völlig unterschiedliche Geschmacksnuancen hervorbringen können. Und fast noch wichtiger als Zwiebel und Paprika ist – zumindest beim Paprikás – jener „zusätzliche Löffel Rahm", der, wenn man dem weltberühmten ungarischen Dramatiker Ferenc Molnár („Liliom") Glauben schenken darf, für die Küche seiner Landsleute wahrhaft konstitutiv ist.

Von mild über würzig bis sehr scharf: Paprika.

Die Welt der Puszta

Die Geheimnisse der auf ungarisch *Alföld* genannten Großen Ungarischen Tiefebene beschränken sich keineswegs nur auf Gulyás und Paprika. Vor allem, wer sich an seltenen Vögeln und anderen raren Steppenbewohnern auch dann erfreuen kann, wenn dieselben nicht auf dem Teller landen, wird in Ungarns flachem Herzen zwischen Auwäldern, Alkaliseen, Sanddünen, Wacholder- und Weißpappelwäldern, blühenden Klatschmohnfeldern und Trockenrasengebieten ein wahres Paradies finden.

Im „Zweistromland" zwischen Donau und Theiß (und noch ein Stück weiter östlich davon) kann der Durchreisende heute noch Szenen erleben, wie man sie sonst nur im Reich von Märchen und Sage erwarten würde: Pelzbekleidete Hirten, die mit knorrigen Krummstäben ihre nicht minder krummhörnigen Zackelschafe sowie Mangaliczaschweine, Krausfedergänse und Graurinder hüten, sind in diesem Weltteil ebenso wenig eine Seltenheit wie Pferdefuhrwerke und Zigeunerwägen, die oft noch von dürren Kleppern gezogen werden oder rassige Halbblutpferde, die in ganzen Herden durch die Steppe galoppieren. Auch die hölzernen Ziehbrunnen unterscheiden sich von jenen aus der Operette lediglich dadurch, dass sie in dieser Welt, in der unter den Hirten immer noch die alte Hierarchie „Pferd – Rind – Schaf – Schwein" gilt, wirklich funktionieren.

Die Idee der „endlosen Weite" – dieser Allgemeinplatz beschreibender Trivialliteratur – wird unter dem Namen Puszta mit wirklichem Leben erfüllt. Riesige Naturreservate schließen oft unmittelbar aneinander an. Alleine in der Hortobágypuszta, der größten der heute noch erhaltenen alten Pusztalandschaften, leben 330 verschiedene

Im Reich der Puszta: Langhörnige Graurinder, Krausfedergänse und rassige Halbblutpferde ziehen in Herden über die weite Ebene …

Vogelarten vom Blesshuhn über den Kranich bis zur Großtrappe.

Beim Essen hält man sich hier mit Vorliebe an Bewährtes: Das sicherlich bekannteste Gericht der Region sind die mit fein gehacktem Kalbfleisch gefüllten und vor dem Servieren mit einer Rahm-Paprikasauce übergossenen Hortobágyer Palatschinken.

Tanya, Csárda, Lángos und Schlambuz

Eine *tanya* – so heißen heute viele kleine Gastwirtschaften am Wegesrand – war ursprünglich ein eher kärglich ausgestatteter Einschichthof, in dem Reisende mit ihren Pferden oder auch anderen Zugtieren über Nacht unterkommen konnten. Meist handelt es sich dabei um weiße, aus Lehmziegeln gebaute Häuser, zu denen die roten Geranien in den Fenstern einen aparten farblichen Kontrapunkt setzen.

Die *csárda* ist eine Steigerung der Tanya. Früher häufig als „Altar der Pusztaküche" besungen, wurde sie häufig auch

Riesige Naturreservate schützen das Ökosystem der Puszta mit den hier heimischen 330 verschiedenen Vogelarten.

„Schäferkapelle“ oder – nach den Straßenräubern in der Großen Tiefebene und im Bakonyer Wald – „Betyárenaltar“ genannt.

Der in Ungarns literarischen Kulinaria besonders umtriebige Dichter Sándor Petőfi (1823 –49) hat dem Phänomen Csárda sogar eines seiner Gedichte, das „Hundekratzloch“, gewidmet, in dem er eine romantische Hymne auf die mit Schilf gedeckten Lehmhäuser anstimmt, in denen man an einem einzigen Tisch Kessel- und Spießgerichte aus dem Backofen sowie die berühmten Grammelpogatschen zu einfachen Weinen vorgesetzt bekam.

Eine typische Csárda-Spezialität ist auch der *lángos*. Die Grundzutat der ungarischen Pizza unterscheidet sich nicht wesentlich von der neapolitanischen Variante, handelt es sich doch um einen kleinfingerdick ausgerollten Brotteig von rundlicher Form. Doch ab jetzt ist alles anders: Statt Olivenöl gibt's Gänsefett, statt reichlich Oregano wird reichlich Knoblauch verwendet. Und Tomaten haben auf einem Lángos schon gar nichts verloren. Dafür wird er, zumindest im Original, mit geröstetem, gepfeffertem, klein geschnittenem Kraut belegt, mit einer Masse aus Eigelb, Sauerrahm, Dille und Topfen bestrichen und erst dann im Backrohr auf Krautblättern ausgebacken.

In der Puszta nicht minder populär sind die im Kessel gekochten Fleckennudeln (Lebbentsch), die mit Speck, Paprika, Wurst, Erdäpfeln und Tomaten auch zu einem alten Hirtengericht namens Schlambuz verkocht werden, das so dick einreduziert werden sollte, dass darin der sprichwörtliche Löffel stecken bleibt.

Doch die Puszta hat noch zahlreiche andere kulinarische Schätze auf Lager: Dazu gehören etwa auch die Medgyesegyházer Melone, die Makóer Zwiebel oder die Méhkeréker Gurke, der reife Schafsmilchkäse aus Pálpuszta und – last, not least – der aus den beiden berühmten Aprikosensorten *Magyar legjobb* und *Magyar kajszi* gebrannte und mindestens ein Jahr in Eichenfässern gelagerte Barack Pálinka aus Kecskemét.

Nur in der Form mit der Pizza verwandt: der lángos.

Charakteristisch für diesen Marillen- bzw. Aprikosenschnaps sind die auf warmen Sandböden bei starker Sonneneinstrahlung und in kühlen Nächten gereiften Früchte, von denen hier im Jahr zwischen 1000 und 10.000 Tonnen geerntet und zu einem unverwechselbaren Brand von leicht gelblicher Färbung destilliert werden. Sicherlich mag man bei der einen oder anderen Marke darüber streiten, ob darin wirklich ausschließlich reines Obstdestillat zu finden ist. Nicht streiten lässt sich jedoch darüber, dass ohne Barack Pálinka kein Csárdaschmaus zu Ende gehen darf.

Szegediner Gulyás und Fischsuppenkrieg

Sándor Petőfi, der große ungarische Dichter, Csárdaliebhaber und Gourmet, kehrte gerne im Budapester Restaurant „Zur Spieluhr“ ein und wurde dabei einmal zufälliger Ohrenzeuge einer kleinen Auseinandersetzung zwischen einem Gast und dem Kellner: Es war schon spätabends, als der Stadtbibliothekar Székely hungrig einkehrte und noch etwas bestellen wollte. Der Kellner verweigerte jedoch mit dem Hinweis, der Koch sei bereits nach Hause gegangen, die Herausgabe der Speisekarte. Das brachte den hungrigen Bücherwurm einigermaßen in Rage und er schrie den Kellner an: „Es muss doch möglich sein, dass Sie mir ein Pörkölt und eine Portion Sauerkraut aufwärmen. Dazu braucht man keinen Koch!“ Der Kellner verzog sich, dermaßen eingeschüchtert, in die Küche und kehrte mit einem Gericht aus Sauerkraut, Pörkölt und einem Klacks Sauerrahm zurück, das Herrn Székely so gut schmeckte, dass der Dichter Petőfi tags darauf ebenfalls eine Portion davon bestellte. Das Gericht hieß fortan Székely-Gulyás und wurde bis Wien populär, wo es aufgrund eines Hörfehlers (welcher Wiener spricht schon ungarisch?) bis heute Szegediner Gulyás heißt.

Wer die Probe aufs Exempel macht und in Szeged ein Szegediner Gulyás bestellt, wird daher auch nur verständnislose Blicke und den Rat ernten, lieber eine Szegediner Fischsuppe *(Szegedi halászlé)* zu ordern. Die nämlich ist tatsächlich die Spezialität der Theißmetropole und sie wird in jedem Lokal vom Nobelhotel bis zur einfachen Kneipe serviert. Die „ungarische Bouillabaisse" wird aus einer Vielzahl von Fischen – darunter Zander, Karpfen, Sterlet, Barbe, Hecht, Karausche und Schleie sowie Fischrogen und Milchner – mit Zwiebeln, Knoblauch, Tomaten, Gewürzpaprika. Kümmel, Ingwer und grünen Gemüsepaprikaschoten zubereitet, bevor ganz am Schluss der Kochzeit auch Csipetke mitgekocht werden. In besonders festlichem Rahmen geschieht das alles, wenn am ersten Septemberwochenende das Internationale Theißfischfestival „Unter der Brücke von Szeged" abgehalten wird.

Allein: Szeged ist als ungarischer „Fischsuppenvatikan" keineswegs unumstritten. Eine reine Suppenlehre ganz anderer Art wird nämlich auch in der etwas weiter westlich gelegenen Batschka-Metropole Baja vertreten, wo alljährlich Anfang Juli das auch vom Guinness-Buch der Rekorde approbierte größte Fischsuppenfest der Welt abgehalten wird und das Rathaus von Baja mit über zweitausend dampfenden Kesseln im Rauch verschwinden lässt. Die Fischsuppe nach Bajaer Art wird im Gegensatz zu jener von Szeged hauptsächlich auf Karpfenbasis, aber auf keinen Fall mit Zander zubereitet, und am Schluss kommen statt der Zupfnockerl handgeschnittene Streichholznudeln dazu. Das klingt simpel, ist aber in Wahrheit wesentlich komplizierter. Denn wenn die zweitausend Halászléköche sich erst einmal in Baja versammelt haben, so gehen sie nach zweitausend unterschiedlichen Rezepten zu Werke. Mindestens.

Oben: Berühmt für ihr Temperament sind die Halbblutpferde der Steppe. Unten: Eine Fleischerei in Debrecen.

Wo es um die Wurst geht

Die Salami ist unter den vielen Bindegliedern, die Ungarn und Italien miteinander verschränken, vielleicht das bekannteste. Das Urheberrecht an dieser „Salzwurst" – so die wörtliche Übersetzung – steht dabei, wie meistens in solchen Fällen, der Apenninenhalbinsel zu. Während die Salami in Italien jedoch in früheren – ärmeren – Zeiten oft aus Eselfleisch gemacht wurde, nutzten die Ungarn ihren Vorsprung in der Schweinezucht, um daraus die typische ungarische Salami herzustellen, die, je nach Würzung, in den unterschiedlichsten Schärfe- und Härtegraden verkauft wird. Einen der bedeutendsten Salamiproduzenten des Landes findet man in der Paprikahauptstadt Szeged, wo die Firma Pick seit über 130 Jahren, zum Teil noch in Handarbeit, eine ungarische Salami herstellt, die in einem speziellen Luftstrom bei spezifischer Luftfeuchtigkeit (der genaue Wert wird ebenso wenig verraten wie die verwendete Gewürzmischung) drei Monate lang reift.

Auch in Debrecen, dem Schnittpunkt der sandigen Nyírség- und der fruchtbaren Berettyó-Region mit der Hortobágypuszta, erzeugt man hervorragende, zumeist, aber keineswegs ausschließlich pikante Würste. Diese werden im Gegensatz zur Salami allerdings nicht getrocknet, sondern bilden als klassische Brühwürste eine der Hauptzutaten des gefüllten „Debrecener Krauts“ *(Debreceni töltött káposzta),* um das in der kleinen Sandweingemeinde Pusztamérges ebenso um die Wette gekocht wird wie in Baja in Sachen Fischsuppe.

Schließlich dürfen, wenn es in Ungarn um die Wurst geht, auch die Meisterwerke des am letzten Oktoberwochenende stattfindenden Csabaer Wurstfestivals in Békéscsaba keinesfalls unterschätzt werden. Hier darf, vom Wurstverarbeiter über den Gastwirt bis zur Hausfrau, jeder tief in die Wurstmaschine greifen. Die ursprüngliche Csabaer Wurst kam nämlich nicht aus der Fabrik, sondern wurde zuhause nach unterschiedlichsten Rezepten hergestellt, bei denen Schweinefleisch und Bauchspeck im Verhältnis 7:3 gemischt und mit Knoblauch, edelsüßem und scharfem Paprika sowie Kümmel und Salz gewürzt wurden. Und nicht wenige meinen, dies sei „die wahre Salami“ gewesen.

„SZEGEDINER“ GULYÁS (Gulyás à la Székely)

Zutaten: *800 g Schweinsschulter, 2 große Zwiebeln*
2 Knoblauchzehen, 4 EL Schweineschmalz
750 g Sauerkraut, 2 rohe, geschälte Erdäpfel, Salz
1–2 EL edelsüßes Paprikapulver, 1 EL Paradeisermark
250 ml Sauerrahm

Zubereitung: Schweinefleisch in mundgerechte Stücke schneiden. Zwiebeln fein hacken und in Schmalz anrösten, gepressten Knoblauch gemeinsam mit dem Fleisch hinzufügen und alles auf kleiner Flamme etwa eine Viertelstunde lang unter gelegentlicher Zugabe von Flüssigkeit dünsten lassen. Sauerkraut untermengen, Erdäpfel darüber reiben, mit Salz, Paprikapulver und Paradeisermark würzen. Zum Schluss alles mit Sauerrahm übergießen (etwas für die Garnitur zurückbehalten) und denselben gut einrühren. Das Fleisch gemeinsam mit dem Kraut mindestens 45 Minuten lang weich dünsten. Vor dem Servieren mit etwas Sauerrahm garnieren.

Baja

SOBRI HALÁSZCSÁRDA

6500 Baja, Bajcsy-Zsilinszky utca 8
Tel. 79/42 06 54
kein Ruhetag
Preise: moderat
Küche: Fischgerichte nach Baja-Art

Békéscsaba ist der Geburtsort des berühmten Malers Mihály Munkácsy.

„Die Stadt der Gewässer und der feinen Speisen" nennt sich Baja stolz. Ob man das nun für übertrieben hält oder nicht: Was das Kochen von ungarischer Fischsuppe betrifft, so ist Baja, der Austragungsort der jährlichen „Halászlé-Olympiade", mit Sicherheit der Nabel der Welt. Und der König aller ungarischen Fischsuppenköche ist nun einmal „Weltmeister" József Sobri Farkas, der Besitzer dieser berühmten Csárda, die auch seinen Namen trägt. Da die ungarische Fischsuppe ein ähnlich geheimnisumwittertes Gericht ist wie das Wiener Schnitzel, gibt Herr Farkas sein Geheimnis nicht preis, und wehe dem, der meinte, die Halászlé würde hier auch nicht viel anders schmecken als anderswo. Ich will mir den Groll dieses Fischsuppen-Papstes jedenfalls nicht einhandeln und stimme daher fromm in den Chor all jener ein, die da meinen, dass es hier die gewaltige, unnachahmliche und einzig wahre Halászlé zu verkosten gibt, nämlich jene nach Bajaer (und Gott behüte nicht jene nach Szegeder) Art, also keinesfalls mit Zander, dafür aber mit streichholzdünnen Streifennudeln. Darüber hinaus werden auch noch zahlreiche andere, durchwegs recht schmissig gewürzte Fischgerichte angeboten – und auch für jene, die partout keinen Fisch mögen, hat die Speisekarte zumindest das Übliche übrig.

In der Nähe: Zwischen der Sugovica, der so genannten Kämmererdonau, und dem Ferenc-Kanal lädt die Petőfi-Insel, die man vom Stadtzentrum über eine Brücke erreicht, zu einem Verdauungsspaziergang ein. Hier und auf dem Hauptplatz wird auch jeweils am zweiten Julisamstag das im Guinness-Buch der Rekorde eingetragene Fischsuppenfest mit zweitausend im Freien brodelnden Kesseln begangen. Außerdem sehenswert: das Jugendstilrathaus, die barocke Peter- und Paulskirche im Zopfstil, die Fischereisammlung im Türr István Museum in der Deák F. utca 1 und das Heimatmuseum der kroatischen Bunjewatzen-Minderheit in der Pandúr utca 51.

Békéscsaba

FIUME ÉTTEREM im Hotel Fiume

5600 Békéscsaba, Szent István tér 2, Tel. 66/44 32 43
kein Ruhetag, Preise: Mittelklasse,
Küche: klassisch ungarisch

Wer das alljährlich am letzten Oktoberwochenende stattfindende Festival der berühmten Csabaer Wurst besuchen will, der sollte hier absteigen. Denn das Hotel Fiume ist zweifellos das erste Haus am Platz in Békéscsaba und erfreut Hotelnostalgiker obendrein durch seinen zwar leicht vergilbten, aber immer noch spürbaren Grand-Hotel-Charme. Der Name des Hotels erinnert an das Jahr 1871, als die Eisenbahnlinie Oradea-Fiume fertig gestellt wurde und den wirtschaftlichen Aufstieg der Stadt einleitete. Der Gast kann hier nicht nur in den Löwenbräu-Stuben ein gepflegtes Bier und einen guten Imbiss zu sich nehmen, es existiert auch noch der alte Speisesaal mit seinen Jugendstilornamenten, Kristalllüstern, Stuckaturen, schönen Holztäfelungen und alten Ölgemälden. Der Service ist, so gerade anwesend (was nicht immer der Fall ist), von ausgesuchter Höflichkeit und lässt sogar so etwas wie Kompetenz durchschimmern. Die Speisekarte erweist sich bei näherer Betrachtung fast als ungarisches Kochbuch, da bei jedem Gericht penibel auch seine Zubereitung erklärt wird. Neben Klassikern wie Kalbspaprikás, gebackener Gänseleber, Wildgulyás, Szegeder Fischsuppe, gefüllten Schnitzeln auf Rákóczi-Art oder Somlóer Nockerln findet man hier auch recht spannende Gerichte wie etwa die geröstete Gänseleber mit grünen Bohnen und Orangen oder ein mit einer Farce aus Letscho und Ei gefülltes Steak mit Zupfnockerln. (Vor Beginn des Essens ist übrigens der berühmte Pflaumenschnaps von Békés zu empfehlen.) Die Weinkarte liest sich mit einigen ungarischen Top-Kreszenzen recht ansprechend, die respektable Tokajer-Karte erwies sich jedoch, zumindest bei unserem Besuch, leider als reine Schimäre.

Schlaraffische Genüsse erwarten den Gast in den Ratsherrenstuben des Lucullus étterem in Debrecen.

In der Nähe: In unmittelbarer Hotelnähe befinden sich neben dem klassizistischen Jókai-Theater drei Kirchen in unterschiedlichen Stilen von Barock bis Neogotik sowie das vom bekannten ungarischen Architekten Miklós Ybl entworfene Rathaus. Außerdem sehenswert ist das Munkácsy Mihály Museum, das nicht nur eine Werkschau des weltberühmten ungarischen Malers beherbergt, sondern auch eine große heimatkundliche Sammlung der Körös-Landschaft. Bemerkenswert ist auch die industriegeschichtlich bedeutende Istvánmühle an der Ausfahrtstraße nach Gyula, in der sich heute ein Getreidemuseum befindet. Da Békéscsaba auch die Heimat einer großen slowakischen Minderheit ist, sollte man hier auch dem Slowakischen Dorfmuseum in der Garay utca 21 oder dem **Haus der Slowakischen Kultur** auf dem

HAJDÚKÁPOSZTA (Sauerkrautauflauf nach Heiduckenart)

Zutaten: *500 g Sauerkraut, 1 Zwiebel, 200 g Reis 1 EL Butter, 100 g Schinkenspeck, 1 Paar Debreziner 100 g gekochtes Geselchtes, etwas Schmalz für die Form, 125 ml Sauerrahm*

Zubereitung: Sauerkraut weich dünsten. Fein gehackte Zwiebel und Reis in Butter glasig werden lassen, mit der doppelten Menge Wasser aufgießen und Reis langsam gar dünsten. Schinkenspeck fein hacken, Debreziner feinblättrig und Geselchtes kleinwürfelig schneiden. Eine Kasserolle gut ausfetten und in folgender Reihenfolge auffüllen: je eine Schicht Kraut, Reis, Kraut, Geselchtes, Kraut, Debreziner, Kraut, Schinkenspeck, Reis und Kraut. Mit Rahm abschließen und etwa eine halbe Stunde bei 180 °C im Backrohr schmoren. Danach Kasserolle auf eine vorgewärmte Platte stürzen und sofort servieren.

Die Heiducken, nach denen dieses klassische Rezept aus Debrecen benannt ist, waren ursprünglich Viehtreiber, die im Laufe der Türkenkriege jedoch ihre Arbeit verloren und sich als Söldner verdingten. Für ihre Kriegsdienste wurden sie um 1605 in Debrecen angesiedelt und mit Steuerfreiheit belohnt, konnten dafür aber jederzeit wieder eingezogen werden.

Kossuth tér 10 (66/44 17 50, 66/32 17 71) einen Besuch abstatten. Letzterer kann durchaus auch kulinarisch enden: Denn im Haus befindet sich auch ein kleines Restaurant mit autochthoner slowakischer Küche und frisch gezapftem slowakischem Bier.

Bükkábrány

MALOMTANYA VENDÉGLŐ

3422 Bükkábrány, Malom út 1, Tel. 49-33 55 65 oder 33 50 87, kein Ruhetag, Preise: Mittelklasse Küche: klassisch ungarisch

Molinophile werden allein schon aufgrund des klappernden Mühlrades auf ihre Kosten kommen. Aber auch, wer kein Mühlenforscher ist, kann hier, etwa auf halber Strecke zwischen Miskolc und Füzesabony, getrost einkehren. Gemahlen wird hier heute zwar nicht mehr, gegessen jedoch wie in alten Zeiten. In gemütlicher Atmosphäre freut man sich am freundlichen Service und labt sich an einer der ehrlichen Karpfen-, Gulyás- oder Wildsuppen, bevor man sich an Eintopf- oder Grillgerichten mit seltsamen Namen („nach Art der sieben Heerführer“ u. ä.) gütlich tut. Viel zu viel Auswahl, könnte man vielleicht kritisieren, und auch viel zu große Portionen. Aber andererseits kommt man hier ja auch als Wanderer auf dem Weg in die Puszta her, und der ist bekanntlich hungrig ...
In der Nähe: Die kleine Gemeinde an der Bundesstraße 3 ist nicht gerade reich an Sehenswürdigkeiten. Aber der Barockaltar in der katholischen Pfarrkirche (1750) ist immerhin sehenswert.

Debrecen

CSOKONAI SÖRÖZŐ

4024 Debrecen, Kossuth utca 21, Tel. 52 41 08 02 kein Ruhetag, Preise: moderat Küche: ungarisch-international

Der namensgebende Mihály Csokonai Vitéz ist als „ungarischer Rousseau“ ein bekannter Dichter des ausgehenden 18. Jahrhunderts, den man auch als lebensgroße Statue in

einer Nische des gegenüberliegenden Stadttheaters bewundern kann. Auch das Kellnerballett hat in seinen Livreen etwas eindeutig Dramatisches an sich – vor allem dann, wenn es vor lauter Tänzeln vergisst, den Wein nachzuschenken. Andererseits kam bereits nach wenigen Minuten ein Kellner emsig herbei, um unsere völlig bröselfreie Tafel mit einem Tischbesen abzukehren.
Bühnenbildhaft ist auch die Ambiance des langen Rohziegel-Tonnengewölbes mit Hinterglasfenstern und Putzenscheiben. Die Küche erwies sich mit einer deftigen Suppe aus Kraut, Linsen und Geselchtem, gebackenen Froschschenkeln, Lammpörkölt und transsilvanischem Sauerbraten zwar (abgesehen von Ausreißern wie Känguruhschwanzsuppe und Käsefondue) als klassisch ungarisch, zog aber einen erheblichen Zahnstocherbedarf nach sich, der vom Service auch großzügig gestillt wurde. Theatralisch ging unser Mahl auch zu Ende: Bei Erhalt der Rechnung wird der Gast nämlich zum Würfeln aufgefordert. Wer dreimal dieselbe Zahl würfelt, braucht nicht zu bezahlen. Allein: Fortuna meinte es nicht gut mit uns – doch wir bezahlten die durchaus maßvoll kalkulierte Rechnung ohne Groll.
Gleich gegenüber: Das Csokonai-Theater wurde 1861–1865 im klassizistischen Stil erbaut.

LÁTÓKÉP CSÁRDA

4002 Debrecen, Külterület 99 (Bundesstraße 33 nahe der Abzweigung nach Balmazújváros) Tel. 52/41 44 47, kein Ruhetag Preise: moderat, Küche: bäuerlich-ungarisch

Der sechzig Hektar große Stausee von Látókép liegt etwa dreizehn Kilometer westlich von Debrecen inmitten der Hortobágypuszta und ist über die Bundesstraße 33 erreichbar. Er wird jedoch nicht nur von Anglern frequentiert, die hier erfolgreich Jagd auf Karpfen, Zander, Hecht und Amur machen, sondern auch von solchen Zeitgenossen, die diese Tierchen lieber in einer schönen Halászlé schwimmen sehen. Sie alle versammeln sich in dieser freundlichen Csárda am Wegesrand, wo sie nicht nur die Fischgerichte und Aufschnittplatten, sondern vor allem auch die Spareribs-Suppe und die deftigen Eintöpfe aus Würsten, Innereien, Paprika, Tomaten und Speck schätzen. Selbstredend gibt's hier auch die obligatorischen Hortobágyer Palatschinken und obendrein sehr trinkbare Weine, die ebenso Appetit machen wie die Speisen Durst.

LUCULLUS ÉTTEREM

4024 Debrecen, Piac utca 41, Tel. 52/41 85 13 oder 0630/955 88 59, kein Ruhetag, Preise: obere Mittelklasse, Küche: klassisch ungarisch

Die plüschigen alten Ratsherrenstuben unterstreichen den Eindruck, in ein „Nobellokal“ gefallen zu sein. Auf den stabilen Riesenstühlen, in die eine reliefartige Ungarnkrone eingraviert ist, sitzt man äußerst komfortabel. Erfreulich auch, dass als Begrüßung gleich zwei Arten von Grammelpogatschen serviert werden. Der distinguiert-freundliche Service trägt dann eher schlaraffische als lukullische Speisen wie mit Debrecenerwürsten gefülltes Kraut, Knochenmark auf geröstetem Knoblauchbrot oder einen „lodernden Filetspieß“ auf (wie sich die Kellner überhaupt eher als Jünger des Hephaistos denn als solche des Lukull entpuppen). Angesichts von Gerichten wie gebackenen Kalbsfüßen, Gänseleberrisotto oder gespickter Gänsebrust wird dem Gast die Wahl zwischen soviel schweren Genüssen nicht leicht gemacht. Und das ist für eine Stadt, die der ungarische Dichter Petőfi einmal „eher eine städtische Puszta denn eine Pusztastadt“ nannte, wahrlich nicht übel.

VÁROSHÁZA ÉTTEREM

4024 Debrecen
Piac utca 20
Tel. 52/44 47 67
Sonntag abends geschlossen
Preise: gehoben
Küche: ungarisch á la gourmandise

Oben: Die Schnapsflaschensammlung des Városháza étterem.
Unten: Die Gara Kávézó Cukrászda gilt als eine der besten Konditoreien Ungarns.

Das Városháza inmitten der Innenstadt von Debrecen war schon vor etlichen Jahren ein echtes Versprechen für eine „Grande Cuisine Hongroise". Was damals in Ansätzen bereits durchschimmerte, scheint sich mittlerweile weiter konsolidiert zu haben, und so kann man das große Wort „Gourmettempel" in Zusammenhang mit diesem eleganten Etablissement im Rathaus von Debrecen getrost verwenden. Bevor man dasselbe jedoch betritt, gelangt man durch die zweifellos größte Minischnapsflaschensammlung der Welt, deren Besichtigung alleine den Eintritt lohnt.

Dezente Hintergrundbeleuchtung und zahlreiche Gemälde mit einem offensichtlichen Naheverhältnis zur präraffaelitischen Schule prägen den Raum ebenso wie die tabernakelartigen Vitrinen, in denen sich edle Weine befinden und die für eine fast sakrale Atmosphäre sorgen. Der in klassischem Schwarz gekleidete Service schien von unserer Frage, wo es denn die besten Debreziner von Debrecen gäbe, leicht düpiert, empfahl aber einen „dörflichen Vorspeisenteller" aus durchweg guten lokalen Produkten. Die Taubenessenz mit Fleischnockerl kann guten Gewissens als vorbildlich bezeichnet werden. Der Fogas auf karpatische Art erwies sich als hervorragend gegartes Mittelstück vom Zander, und Gerichte wie Lammsuppe mit Estragon, Krebsragout mit Dill, Gänsebrust mit Honigbeize oder Lamm-Medaillons mit Senf-Gurkensauce lassen insgesamt kulinarischen Esprit und Ehrgeiz erkennen. Auf Hortobágyer Bodenständigkeit wird gottlob auch nicht vergessen, und die Weinkarte ist ohne Fehl und Tadel.

ERDEI JOHN BULL PUB

4024 Debrecen, Piac utca 28, , Tel. 52/42 40 26
kein Ruhetag, Preise: gehoben, Küche: international mit ungarischen Akzenten

Das John-Bull-Pub ist in ganz Osteuropa so etwas wie ein Wasserloch für durchreisende Ostmanager, die Gänsebraten, Hunnenschwert und Paprika entfliehen und einen Abend in angenehmer Atmosphäre bei westlichem Essen, einer gut klimatisierten Havanna und einem Gläschen Single Malt verbringen wollen. Der Debrecener Ableger steht mit vollem Recht im Ruf, der beste aller John Bulls zu sein. Er verfügt neben den üblichen Curiosity-Shop-Accessoires über eine gemütliche Bibliothek, bequeme Lederfauteuils und eine exquisite Hifi-Anlage mit JBL-Hochleistungsboxen, deren Repertoire von Mick Jagger bis David Sanburn reicht. Die Küche bietet vom Nilbarsch mit Krebsen, Knödel mit Dillragout über gedünsteten Hirsch, irisches Schafsgulyás und schottischen Haggis (gefüllter Schafsmagen) bis hin zu Somlóer Nockerln und englischen Pudding für jeden etwas. Die Portionen sind allerdings eher östlich als westlich. Aber was soll's? – Ein Gläschen Talisker oder Lagavulin danach, und die Verdauung ist wieder in Ordnung.

Speisen in sezessionistischer Architektur:
Das Magnatenrestaurant im Grand Hotel Aranybika.

In der Nähe: Die Piac utca, in der die meisten der besprochenen Lokale liegen, ist eine Nord-Süd-Transversale durch Ungarns drittgrößte Stadt und führt geradewegs ins Zentrum von Debrecen. Die wichtigste Sehenswürdigkeit ist die „Große Kirche" am Kossuth tér und bietet dreitausend Gläubigen Platz, die durch die größte Glocke des Landes, die so genannte Rákóczi-Glocke, angelockt werden. Ebenfalls sehenswert ist das Déri Múzeum am gleichnamigen Platz mit großen historischen, ethnografischen und heimatkundlichen Sammlungen. Für Verdauungsspaziergänge eignet sich der im Norden der Stadt gelegene Nagyerdő, ein 2300 Hektar großer Eichen- und Akazienwald mit Thermalbad und Badehaus. Debrecen besitzt darüber hinaus auch noch eine echte gastronomische Institution, die so etwas wie das „Sacher Ostungarns" ist: Das **Grand Hotel Aranybika** (Goldener Stier) in der Piac utca 11–15 ist ein sehenswerter sezessionistischer Bau aus dem Jahr 1915 und birgt neben einem teuren „Magnatenrestaurant" (52/50 86 00) auch eine italophile Bierstube. Zum Hotelkomplex gehört auch die berühmte **Gara Kávézó Cukrászda** (eine Filiale befindet sich im großen Shopping Center am Kálvin tér 6), die mit Recht als eine der besten Konditoreien Ungarns gilt.

Fülöpháza

SOMODI TANYA

6042 Fülöpháza, Tel. 76/37 70 95
nur in der Sommersaison geöffnet
Preise: moderat, Küche: klassisch ungarisch, zum Teil nach historischen Rezepten
Info: www.somoditanya.hu

Kaum zwanzig Kilometer westlich der Komitatsstadt Kecskemét, inmitten des Kuskunság-Nationalparks in der Region Kleinkumanien (Zufahrt über die Bundesstraße 52) befindet sich diese hübsche Csárda. Geführt wird sie schon seit Anfang der 1990er Jahre vom Schweizer Alwin Moor, was diverse, anderswo durchaus übliche Verständigungsprobleme gar nicht erst aufkommen lässt und der Somodi Tanya unter deutschsprachigen Ungarnreisenden auch schon einen relativ hohen Bekanntheitsgrad eingebracht hat. Küchenchef Károly Varga hat, wovon auch verschiedene Urkunden an den Wänden Zeugnis ablegen, als international bekannter Food-Skulpteur schon etliche Preise erhalten und frönt hier inmitten einer reizvollen Steppensee-Landschaft seinem Lieblingshobby: dem Wiederentdecken fast schon ausgestorbener ungarischer Rezepte wie Himbeersuppe mit Waldfrüchten, Gänselebercanapés mit gebackenen Pilzen und Topfen-Maiskuchen, Eintopf aus Sauerkraut, Gerstengraupen, Bohnen und Gänsefleisch oder süßem Paprikakuchen. Sehr trinkbare Weine gibt's auch, und (nicht nur) für jene, die zuviel davon abbekommen, stehen gepflegte Gästezimmer zur Verfügung.

Eine alte Csárda wurde zum Top-Restaurant: das Asia Indonéz, vielleicht der beste Asiate Ungarns.

In der Nähe: Unweit der 1000-Seelen-Gemeinde befinden sich etliche alkalische Seen mit bemerkenswerter Flora und Fauna.

Gyula

ASIA INDONÉZ ÉTTEREM

5700 Gyula, Városház utca 15
Tel. 66/46 39 34, kein Ruhetag
Preise: gehoben
Küche: indonesisch und All-Asia

Das knapp an der rumänischen Grenze, gerade zehn Kilometer östlich von Békéscsaba gelegene Restaurant wurde schon einmal in „Ungarns Top Ten" gewählt und steht bei Fachleuten bis heute im Ruf, bester Asiate des Landes zu sein. Stammgäste mit einem leichten Hang zur Übertreibung reden sogar vom besten Mitteleuropas. Fest steht: Hier wurde eine alte Csárda mit sehr viel Phantasie und Geschmack in ein panasiatisches Restaurant umgebaut, das seinen Anspruch auch durch die Mitgliedschaft bei der „Chaîne des Rôtisseurs" untermauert. Der Garten wird an lauen Sommerabenden zu einem romantischen Dschungelparadies unter dem Tropenmond. Und auch im Inneren hat das Management weder Kosten noch Mühen gescheut, sei es für die stilecht indonesisch gekleidete (wenn auch nicht -stämmige) Service-Maid, die lebende Pythonschlange im (gottlob verglasten) Terrarium oder das entzückende Zen-Gärtlein mit Wasserfällchen. Erfreulich ist neben der schönen Tischkultur und den Servietten aus reiner Seide auch die Weinkarte, die kaum ein ungarisches Spitzengewächs von Gütern wie Thummerer, Polgár, Bock oder Gere auslässt und auch einige ältere Jahrgänge auf Lager hat. Die Zutaten für das mit Meeresfrüchten zubereitete Cap-Cay-Special auf Sumatra-Art, die in Duftrauch geräucherten Königskrabben, das scharfe Hähnchen von der Insel Komodo und die Languste auf Holzkohle stammen (von den scharfen Pfefferschoten einmal abgesehen) naturgemäß nicht gerade aus der Umgebung. Gekocht wird mit Esprit, auch wenn dem fernosterprobten Gast da oder dort vielleicht jenes gewisse exotische Kribbeln fehlen mag, das die Python und die Masken versprachen.

In der Nähe: Gyula, nebenbei bemerkt eine bekannte ungarische Wurstmetropole, gilt mit Recht als „Perle der ungarischen Tiefebene" und lohnt die weite Fahrt gen Osten. Den romantischen Schlossteich vor der gotischen Ziegelburg sollte man unbedingt entlangspaziert sein, bevor man sich dann in der **Százéves Cukrászda,** der hundertjährigen Konditorei auf dem Erkel tér 1, auf ein kleines Dessert niederlässt. Außerdem besuchenswert: das Burg-Thermalbad mit neun Freiluft- und elf gedeckten Becken im Schlosspark sowie etliche Museen, darunter vor allem die nach dem Komponisten Ferenc Erkel benannte Sammlung in der Kossuth utca 17, in der sich auch ein Albrecht-Dürer-Saal befindet.

Oben: Die gotische Ziegelburg von Gyula, das als „Perle der Tiefebene" gilt, lohnt die weite Fahrt nach Osten.
Unten: Seit 1840 gibt es die Százéves Cukrászda in Gyula.

Hajdúszoboszló

TUBA TANYA

4200 Hajdúszoboszló
Kinizsi utca 19
Tel. 30/958 45 50 (telef. Voranmeldung essentiell)
Preise: vernünftig, Küche: bäuerlich-ungarisch

Zu Beginn gleich die schlechte Nachricht: Sie können hier nicht einfach nach der Hoppla-hier-komm'-ich-Devise einfallen, sondern sollten sich, so Sie mehr als nur ein Salamibrot konsumieren möchten, vorher anmelden (was dank der guten Deutschkenntnisse von Csárdawirt István Rápolthy kein großes Problem ist). Die gute Nachricht: Die freundlichen Wirtsleute legen hier Wert darauf, sich auf ihre Gäste sorgfältig vorzubereiten. Dazu gehört zum Beispiel, dass frisches Brot im Lehmofen gebacken und der Gänsebraten so ins Rohr geschoben wird, dass er auch knusprig herauskommt. Außerdem müssen Musikanten eingeladen werden, die garantiert alles andere als eine müde Touristenkombo sind. Auch um Nächtigungsmöglichkeiten kümmern sich Gastgeber, die für all ihre Mühewaltung obendrein gar nicht so hoch entschädigt sein wollen.

In der Nähe: Das Glockenhaus des Architekten Zoltán Rácz birgt eine einzigartige Sammlung von fünfzig künstlerisch gestalteten Glocken. Die Bocskai utca präsentiert sich mit vier heimatkundlichen und kulturgeschichtlichen Sammlungen als echte Museumsmeile. Freunde zeitgenössischer Kunst sollten hingegen das Internationale Moderne Museum mit seinem schönen Skulpturenpark aufsuchen. Sehenswert sind auch der Flohmarkt in der Vegyes piac sowie der atmosphärische, überdachte Obst- und Gemüsemarkt im Zentrum. Das „Stadtflüsschen", der Kösely, lädt zu Bootsfahrten und Verdauungsspaziergängen ein. Und wer wissen möchte, wie das berühmte Thermalwasser der Kurstadt schmeckt, sollte das bei einem Brunnen am Bahnhof ausprobieren, wo man sich das Mineralwasser auch in Kannen holen kann.

HORTOBÁGYER PALATSCHINKEN

Zutaten: *500 g Faschiertes vom Kalb, 2 Zwiebeln, Salz 1 EL Schweineschmalz, 100 ml Suppe, 375 ml Sauerrahm, 60 g Mehl, 1 EL edelsüßes Paprikapulver*
Für die Palatschinken: *150 g Mehl, 300 ml Milch 5 Eier, Salz, Butterschmalz zum Backen*

Zubereitung: Aus Mehl, Milch, Eiern und Salz einen Palatschinkenteig rühren. Butterschmalz in einer Pfanne zerlassen und nacheinander goldbraune Palatschinken herausbacken. Fein gehackte Zwiebeln in Schmalz anlaufen lassen, Faschiertes hinzufügen, Suppe angießen, salzen und das Fleisch langsam gar ziehen lassen. Die Flüssigkeit, die sich dabei absetzt, abgießen und aufbewahren. 2 EL Sauerrahm einrühren und das Fleisch weiter köcheln lassen, bis eine sämige Füllung für die Palatschinken entsteht. Die Palatschinken mit der Masse füllen, einrollen und warm stellen. Den restlichen Sauerrahm mit Mehl und dem aufgehobenen Fleischsaft verquirlen, in einer Kasserolle etwas einkochen lassen und mit Paprika würzen. Die Paprikarahmsauce über die Palatschinken gießen und diese heiß servieren.

Hortobágy

HORTOBÁGYI CSÁRDA

4071 Hortobágy, Petőfi tér 1, Tel.: 52/58 93 39
Jänner geschlossen, Preise: Mittelklasse, Küche: bäuerlich-ungarisch mit internationalen Einsprengseln

Wer damit rechnet, in einer so weltbekannten Pusztametropole wie Hortobágy lange suchen zu müssen, bis er eine anständige Csárda findet, wird auf positive Weise überrascht. Eines der besuchenswertesten Etablissements dieser Art befindet sich nämlich gleich im Zentrum, unmittelbar neben der neunbögigen Brücke, dem Wahrzeichen der Stadt. Die schon 1781 gegründete (und mit einem Fassungsraum für vierhundert Personen beängstigend weitläufige) Csárda ist in einem alten Barockbau untergebracht und sieht ungefähr genau so aus, wie man sich zwischen Hammerfest, Ohio und Kapstadt eine echte Pusztaschenke vorstellt. Was sie hingegen mit wenigen Etablissements ihrer Art gemeinsam hat, ist das Bekenntnis zu Bio(-grau-)rind- und (Mangalitza-)Schweinefleisch aus Nationalparkzucht. Selbstverständlich muss man hier (wo sonst?) die

berühmten Hortobágyer Palatschinken kosten und sollte auch die Gänseleber im eigenen Saft nicht auslassen. Wenn dann noch Platz für ein Debrecener Kraut bleibt, umso besser. Spätestens bei den süßen Csárdapalatschinken wird's dann allerdings eng. Nun ja, aber einmal ist keinmal ...

In der Nähe: Der Hortobágyi csárda ist ein sehenswertes Pásztormúzeum (Hirtenmuseum) angeschlossen. Die zum Weltkulturerbe der UNESCO zählende Kleinstadt liegt inmitten der achttausend Hektar großen gleichnamigen Puszta, in der 230 geschützte Vogelarten leben. An Pusztafahrten mit Pferdekutschen und ähnlichen Events wird ein großes touristisches Angebot geboten. Und um Pfingsten finden alljährlich die Hortobágyer Reitertage sowie der Wettbewerb der Hirten und Schäfer im Wasserziehen, Peitschenknallen, Fangseilwerfen und Ochsentreiben statt.

Kecskemét (siehe auch Fülöpháza)

KISBUGACI ÉTTEREM

6000 Kecskemét, Munkácsy Mihály utca 10
Tel. 76/48 08 57, kein Ruhetag, Preise: Mittelklasse
Küche: klassisch ungarisch

Die Komitatsstadt Kecskemét steht trotz der Ziege im Stadtwappen nicht gerade im Ruf, eine Gourmetmetro-

Tierisches Vergnügen in der Hortobágy Puszta: Wasserbüffel genießen das Schlammbad in der prallen Mittagssonne.

pole zu sein. Eine verlässliche Adresse (auch um die lokalen Weine kennen zu lernen) ist jedoch dieses erst unlängst um eine Schauküche erweiterte, kleine Restaurant, in dem es gewaltige Rippenspeere vom Grill, saftige Spanferkel und Entenbraten mit Zimtäpfeln gibt. Gottlob gibt es in der von Obstgärten umringten Heimatstadt des Komponisten Zoltán Kodály auch einen guten Barack Pálinka. Den braucht man nämlich, nachdem man im Kisbugaci diniert hat.

In der Nähe: Das zweistöckige Rathaus im Zentrum stammt aus dem Jahr 1896 und ist vor allem für sein Glockenspiel bekannt, das zu jeder vollen Stunde mit einer Melodie aus Kodálys berühmter Háry-János-Suite erklingt. Wer mehr von Kodály hören will, der reise am besten während des Kodály-Festivals im August an. Einen Abstecher wert ist (neben zahlreichen Museen) auch das schöne alte Liberté Kávéház am Szabadság tér 2 (76/48 03 50), in dem man solid, wenngleich nicht ganz ohne Frittendunst speisen kann. Kecskemét ist auch Ausgangspunkt für Fahrten in die besuchenswerte Bugacer Puszta.

Lajosmizse

TANYACSÁRDA

6050 Lajosmizse, Bene 625, Tel. 76/35 61 66
Jänner und Februar geschlossen, Preise: Mittelklasse
Küche: typisch ungarisch, Info: www.tanyacsarda.hu

Seit 1973 besteht das sehenswerte Einödhof-Museum, in dem damals auch eine Csárda eröffnet wurde, die zu den bekanntesten Ungarns zählt. Dass das Unternehmen mittlerweile um eine tausend Personen fassende „Neue Tanyacsárda" mit jeder Menge touristischer Angebote (z. B. sich während einer Fahrt im Nostalgiezug von Räubern „überfallen" zu lassen und danach mit Pusztazigeunern zu tanzen) expandierte, mag skeptisch stimmen. Doch dann biegen sich die Tische unter den Schüsseln voller Gänsegrammeln, die man mit Barack Pálinka hinunterspült, und Küchenchef János Garaczi verteidigt seinen weltweiten Ruf als einer von Ungarns besten Köchen bei Hähnchenpaprikastrudel und Pfeffernieren durchaus mit Anstand.

In der Nähe: Etwas außerhalb der Ortschaft findet man noch eine romantische alte Kirchenruine aus dem 13. Jahrhundert. Hippophile können hier auch auf einem Pferde-Campingplatz einchecken.

Nyíregyháza

CONTINENT ÉTTEREM (im Hotel Continent)

4400 Nyíregyháza, Sóstói út 52, Tel. 42/50 15 00
oder 40 28 65, kein Ruhetag, Preise: gehoben
Küche: ungarisch-international

Einige Minuten weit vom Zentrum der Stadt entfernt, am Rande des romantischen Sóstó-Waldes, findet man am Beginn des Villenviertels dieses vorbildlich revitalisierte kaisergelbe Viersterne-Hotel mit Balkonen, Erkern und Parkterrasse. Im eleganten, im Kolonialstil eingerichteten Restaurant des Hauses, in dem die Kellner noch der alten Sitte huldigen, mit weißen Handschuhen zu servieren, speist man gediegen-international – vor allem, was Wild, Wildgeflügel und Fisch betrifft. Dass man in Ungarn ist, merkt man einerseits an der Portionierung und andererseits spätestens dann, wenn die Gundel-Palatschinken in den ungarischen Nationalfarben aufgetragen werden. Oder man kommt im Herbst zu den dem großen Sohn von Nyíregyháza, Gyula Krúdy, gewidmeten Spezialitätenwochen und labt sich an den Lieblingsspeisen des Literaten und Feinschmeckers.

In der Nähe: Im Stadtzentrum findet man zahlreiche

schöne neoklassizistische Gebäude wie das Rathaus, das (auch im Inneren wunderschöne) Móricz Zsigmond Theater oder das Komitatshaus. Sehenswert sind auch die heimatkundlichen Sammlungen im Sóstóer Museum in der Tölgyes utca. Wer Heimatkunde lieber kulinarisch betreibt, wird in der ebenfalls am Sóstó-Wäldchen, nahe der Bahnstation gelegenen **Vadász csárda** (Sóstófürdő, Kemecsei utca 1, 42/47 54 95) fündig.

Szeged

ALABÁRDOS ÉTTEREM

6720 Szeged
Oskola utca 13
Tel. 62/42 09 14
Sonntag Ruhetag
Preise: gehoben, Küche: klassisch ungarisch

Reiche Ernte in der Puszta: Kürbisse bei Szeged.

Wenn man den Berichten in manchen Reiseführern Glauben schenken darf, so ist das Alabárdos der absolute Nobelhobel von Szeged. Bei genauerem Hinsehen ist es mit der Noblesse dann allerdings so weit wieder auch nicht her. Gewiss gibt es da zahlreiche Rüstungen und vor allem die namensgebenden Hellebarden, daneben finden sich jedoch jede Menge schlechter Gemälde, die antiquarisch sein mögen, mehr aber nicht. Für das Restaurant sprechen hingegen die alten Gewölbe, der naturbelassene Riemenboden, der offene Kamin und das schwere, gravierte Silberbesteck. Auch die Tatsache, dass sich unmittelbar vor dem Eingang eine von entsprechend wohl sortierten Regalen umringte Weinbar befindet, verdient Beachtung. Hier trifft man auf die bekannten Namen Bock, Thummerer, Tiffán, Gere-Weninger, Fekete, Szabó und Tokaj-Oremus. Die Küche gibt sich mit Gerichten wie einem Rumpsteak Maréchal (mit Zunge und Gänseleber) oder gegrillter Gänseleber in Tokajer klassisch, kommt aber über ein solides Niveau der Zubereitung kaum hinaus. Nach unserem Essen tadelte uns ein Einheimischer, wir hätten die Alabárdos-Fischsuppe probieren sollen, die sei nämlich sensationell. Aber wie lautet doch gleich das alte Sprichwort? – Wer zu spät kommt, den bestraft das Leben.

In der Nähe: Die Oskola utca beginnt mitten im Zentrum von Szeged beim neugotischen Dom mit der zweitgrößten Orgel Europas (10.180 Pfeifen). Auf dem Domplatz finden im Sommer die Szegeder Festspiele statt. Wer eine Erholungspause von Gulyás und Paprikás benötigt, der kehre im **Pagoda étterem** (Tel. 62/31 24 90) Ecke Eötvös und Zrínyi utca auf ein Tausendjähriges Ei ein. Es soll angeblich Ungarns bester Chinese sein, man müsste allerdings die anderen besser kennen, um das zu beurteilen. Übel ist es jedenfalls nicht. Links vor dem Dom erhebt sich der aus dem 12. Jahrhundert stammende St. Demetrius-Turm. Sehenswert ist auch die 1770 errichtete ser-bische Nikolauskirche im griechisch-orthodoxen Stil.

BOTOND ÉTTEREM

6720 Szeged, Széchényi tér 13, Tel. 62/42 04 35
kein Ruhetag, Preise: Mittelklasse
Küche: klassisch ungarisch

Von der Speisekarte winkt „Botond der Barbar", der eigentlich ein ungarischer Heerführer war, jedenfalls aber eine gleichermaßen Respekt gebietende wie gefräßige Erscheinung, und es besteht auch kein Zweifel, dass man in diesem Lokal unter die wilden ungarischen Hirten gefallen ist, auch wenn sie sich mitten am Hauptplatz von Szeged befindet. In dieser klimatisierten City-Csárda regiert ein nur mühsam zivilisierter Nomaden-Look mit viel klobig geschnitztem Naturholz, Kukuruz, Hirtenstiefeln, Feldflaschen, Bauernkästen und schmiedeeisernen Kronleuchtern. Die Küche passt zur Atmosphäre und erweist sich mit Gänseleber im eigenen Fett, Jungfernmedaillons auf Feinschmeckerart (mit Gänseleber, Pilzen, Hirn und Rotweinsauce), Schweinefleisch auf Bácstopolyaer Art (mit Speck, Schafswurst, Gurken und Paprika), Hirnpalatschinken oder flambierten Bugacer Palatschinken als ebenso bodenständig wie furchtlos in Sachen Cholesterin. Die Auswahl an guten ungarischen Weinen ist reichlich, der Service livriert.

In der Nähe: Der Széchenyi tér ist der Lebensnerv von Szeged, an dem auch das neobarocke Rathaus mit dem spitzenbehaubten Uhrturm und das mondäne alte **Tisza-Hotel** (Tel. 62/47 82 78), in dessen heute noch bespieltem Konzertsaal einst Béla Bartók musizierte, stehen. Gleich in der Nähe befindet sich in der Kelemen utca das Nationaltheater, erbaut von den altösterreichischen Theaterarchitekten Helmer und Fellner. Hier werden neben Opern auch immer wieder Theaterstücke in deutscher Sprache auf-geführt.

Die Halászcsárda gilt als eine der schönsten Fischer-Csárdas Ungarns.

ROOSEVELT TÉRI HALÁSZCSÁRDA

6720 Szeged
Roosevelt tér 12–13
Tel. 62/55 59 80
Sonntag abends geschlossen, Preise: obere Mittelklasse,
Küche: ungarische Fischspezialitäten

Die am Ufer der Tisza unmittelbar neben der Theiß-Brücke gelegene Fischer-Csárda gilt mit Recht als eine der schönsten ganz Ungarns. Wirklich blitzsauber wurde das lange Tonnengewölbe mit den hohen, hellen Fenstern renoviert, und erfreulich sparsam ist dabei der Umgang mit den notorischen Paprikaschnüren und Knoblauchzöpfen ausgefallen. Um eine genuine Csárda-Atmosphäre zu schaffen, begnügt man sich mit gestickten Tischtüchern, weiß-grünen Vorhängen, schönem Tischschmuck und ein paar – hier sicher nicht unpassenden – Angeltrophäen. Auch die Wand ziert ein ziemlich naturalistisches Fresko mit Theiß-Fischern. Mittags wird neben den À-la-carte-Gerichten auch ein warmes Buffet gereicht, was, wenn man wenig

Zeit hat, ein Angebot ist, dem man sich nicht entziehen sollte. Denn was immer man nämlich sonst von der Karte bestellt, dauert seine Zeit, was an sich kein schlechtes Zeichen ist. Unbedingt versuchen muss man hier eine der sieben Fischsuppen, und als Halászlé-Experte kann man sich wohl erst bezeichnen, wenn man sich durch alle sieben dieser roten Meere (es sind, wie die Portionen beweisen, tatsächlich solche), hindurchgekostet hat. Der Best-Buy ist zweifellos die „Fischsuppe von der Hexeninsel", die mit einem Beutel voller Fischinnereien serviert wird. Danach noch einen Sterlet, Hecht oder Zander vom Rost zu bestellen, bedarf schon einer sehr elastischen Magenmuskulatur. Das Karpfenpaprikás mit Topfenfleckerln wird daher verdienstvollerweise auch in kleineren Portionen verabreicht. Auch das gefüllte Kraut im Lehmtopf und die Karpfengrammeln „Makó" sind empfehlenswert. Dazu trinkt man entweder Dreher-Pils oder – stilechter – offene ungarische Schoppenweine. Auch etliche gute Bouteillenweine (z. B. der Somlóer Juhfark von Inhauser) sind vorrätig.

Erfolgreicher Fang (nicht nur) für Halászlé, das legendäre Nationalgericht aus Szeged.

In der Nähe: Der Burggarten bietet sich für einen Verdauungsspaziergang entlang der Ruinengemäuer längs der Theiß an, über die, gleich neben der Csárda, auch die neue Belvárosi-Brücke führt, die 1880 anstelle der alten von Gustave Eiffel errichtet wurde. Unter dieser Brücke findet alljährlich Anfang September auch das Szegeder Fischsuppenfest statt, das nicht ganz so berühmt wie jenes in Baja, aber doch auch durchaus respektabel ist. In unmittelbarer Nachbarschaft befindet sich auch der Kulturpalast mit dem in Sachen Kunst und Heimatkunde gleichermaßen sehenswerten Móra Ferenc Museum.

ROYAL ÉTTEREM (IM HOTEL ROYAL)

6720 Szeged, Kölcsey F. utca 1–3, Tel. 62/47 52 75
kein Ruhetag, Preise: gehoben
Küche: anspruchsvoll klassisch, Info: www.royalhotel.hu

Das mit etwas greller Fassade revitalisierte Hotel hat die Zeiten des Gulaschkommunismus souverän überstanden und birgt ein stilvoll-modernes Restaurant, das mit so viel hellem Holz ausgestattet ist, dass man sich fast wie im Inneren eines Humidors fühlt. Nicht gespart wurde auch mit verschiedensten Marmorarten, kurzum: Das Management hat bei der Ausgestaltung dieses Restaurants, das den Namen „Royal" mit Recht trägt, weder Kosten noch Mühen gescheut. Der Service agiert kompetent, abends erklingt erfreulich gepflegte Zigeunermusik. Die Küche setzt, wiewohl es zur Ambiance durchaus passen würde, nicht auf Experimente, sondern auf Klassisches, und das auf sehr zufrieden stellendem, zuweilen sogar hohem Niveau. Zahlreiche Gänseleber-Spezialitäten lassen einem das Wasser im Munde zusammenlaufen, das Stroganoff vom Reh überzeugt ebenso wie die Ente mit Apfelmus. Und auch die Weinkarte lässt – zumindest was Ungarn betrifft – kaum

SZEGED(IN)ER FISCHSUPPE (Halászlé)

Zutaten: *2 kg weißfleischige Süßwasserfische (Karpfen, Wels Hecht, Zander, Karausche, Brachse Schleie o. ä.), 250 g Karpfenrogen und Karpfenmilch, 250 g Zwiebeln, 3–4 Knoblauchzehen, edelsüßes Paprikapulver nach Geschmack 2 Paprikaschoten, 2 Tomaten, 1 rote und 1 grüne Pfefferonischote, Salz*

Zubereitung: Fische säubern, filetieren, häuten und soweit wie möglich entgräten. Fischfilets würfeln. Zwiebeln grob hacken. Fischköpfe (außer Wels), Fischschwänze, fleischige Abschnitte und Karkassen mit den gehackten Zwiebeln in kaltem Salzwasser aufsetzen und wallend aufkochen lassen. Grob gehackte Tomaten, fein gehackte Paprika sowie entkernte und gehackte Pfefferoni in die Suppe geben und ca. 3/4 Stunden lang auf kleiner Flamme köcheln lassen. Paprikapulver einstreuen, alles gut durchrühren und kurz weiter kochen lassen.
Die so entstandene Fischbrühe passieren, entfetten, wieder erhitzen und die Fischwürfel sowie die Karpfeninnereien hinzufügen, die nur noch wenige Minuten mitziehen dürfen.

Standsicher, geschickt und blitzschnell: ein Pákász fing seine Fische ganz ohne Netz. Zeichnung von Árpád Feszty.

Als „Demel von Szeged" wird die Virág Cukrászda, die Blumenkonditorei, immer noch gerne bezeichnet.

Wünsche offen und offeriert neben einigen interessanten Altweinen auch eine schöne Tokajer-Auswahl.

In der Nähe: Am benachbarten Klauzál tér findet man auf Nummer 1 die **Virág Cukrászda,** zu deutsch: Blumenkonditorei, die gerne auch als „Demel von Szeged" bezeichnet wird und eine „k.u.k. Konditorei" der idealtypischen Sorte ist. Sehenswert ist allein schon die blümchengeschmückte Kaffeemaschine aus echtem Porzellan. Schöne alte Gewölbe im Rokoko-Stil, Kristalllüster, Stuckaturen, Brokatvorhänge und ein wunderschöner Schanigarten – nichts fehlt hier, um „die gute alte Zeit" auf die süßeste Weise der Welt mit Ischler Krapferln, Bohéme-Krapferln, Brandteigkrapferln und den verführerischsten Cremeschnitten, die sich denken lassen, wieder heraufzubeschwören.

Táborfalva

ÖREG TANYA

2381 Táborfalva, Kecskeméti utca 22, Tel. 20/966 64 56 (telefonische Vorbestellung essentiell), Preise: Mittelklasse Küche: bäuerlich-ungarisch

Das Dörfchen Táborfalva, etwa auf halber Strecke zwischen Budapest und Kecskemét gelegen und über eine Abzweigung von der Bundesstraße 5 erreichbar, birgt keine großen Sehenswürdigkeiten. Speziell unter Budapester Feinschmeckern hat der Name jedoch einen gar wundersamen Klang: Reservieren sie doch oft schon lange im Voraus, um sich auf Attila Dobos'und Cika Csurgós Einödhof zum Schlemmermahl zu akkreditieren. Ohne Voranmeldung werfen die beiden Herd und Kachelofen nämlich gar nicht erst an. (Auf einen kalten Imbiss ist man freilich auch ohne Voranmeldung immer willkommen.) Hat er erst einmal im Inneren dieser so gemütlichen wie erstaunlich gepflegten Csárda Platz genommen, so erschließt sich dem Gast die ganze Vielfalt autochthoner ungarischer Bauernküche – alles hausgemacht und abseits jeglicher Convenience-Sünden. Was man essen will, bespricht man am besten zuvor telefonisch, oder man lässt sich einfach überraschen. Und da die Wirtsleute auch deutsch sprechen, kann man mit ihnen nach ein, zwei Gläschen gefährlich gut ins Plaudern kommen. Für solche Plaudertaschen gibt's übrigens auch Gästezimmer.

DIE WEINE DER GROSSEN UNGARISCHEN TIEFEBENE

Echte „Csárdaweine" – das ist es, was, ob rot oder weiß, meist in den Kellern der vielen Pusztadörfer des **Weinbaugebiets Hajós-Baja** heranreift: unkomplizierte, leicht zu trinkende Weine. Andererseits findet man, gerade am Rotweinsektor, auch so manche önologische Trouvaille zu Themen wie Blaufränkisch (Kékfrankos), Cabernet Franc, Cabernet Sauvignon und Kadarka. Bemerkenswerte Produzenten sind u. a. das Weingut Sümegi in Baja und die anglo-ungarische Kellerei Brilliant (mit Sitz in Budapest).
Die so genannten „Sandweine" *(homoki borok)* des **Weinbaugebiets Kunság** prägen das Erscheinungsbild von Ungarns größter Weinbauregion. Hier findet man das Eldorado der autochthonen Rebsorten wie Tausendgut (Ezerjó), Izsáki oder Cserszegi Fűszeres, es gibt aber auch exzellenten Blaufränkisch und Welschriesling (Olaszrizling). Bedeutende Produzenten sind u. a. das Weinhaus Anna in Érsekhalma und die Ruttner Farm in Ceglédbercel.
Ähnlich wie Szekszárd ist auch das **Weinbaugebiet Csongrád** eine alte Kadarka-Region, in der ein leichter, unkompliziert trinkbarer Rotwein gedeiht. Im wärmsten und sonnenreichste Weinbaugebiet Ungarns wurden in den letzten Jahren jedoch mit Erfolg auch Kékfrankos, der aus Österreich stammende Zweigelt sowie Welschriesling (Olaszrizling) ausgepflanzt. Das bekannteste Weingut dieser Region ist die Kellerei von Sándor Somodi in Ásotthalom.

Vom STIERBLUT bis zum süßen Gold

Das nordungarische Bergland von Eger bis Tokaj

Erlauer Feste

Am Donatustag ist in den meisten Weingegenden Europas etwas los, aber nur selten so viel wie am Dobó-Platz im Zentrum von Eger. Hier wird an den südwestlichen Hängen des von über sechshundert Karsthöhlen untergrabenen Bükk-Gebirges nämlich alljährlich rund um den 19. Juli das Fest des Bikavér, des so genannten Erlauer Stierbluts, begangen und der jeweils jüngste Jahrgang dieses weltbekannten Tropfens der Öffentlichkeit vorgestellt. Nicht minder ausgelassen, aber weit weniger sympathisch, wird der Wein auch schon zwei Wochen zuvor am 24. Juni, dem „Iwanstag", gefeiert: Da werden in den Weinbergen Rutenfeuer abgebrannt – und betrunkene Frauen an den Pranger gestellt.

Das Erlauer Stierblut trägt seinen maskulinen Namen, wie man sieht, nicht umsonst, auch wenn es sich diese traditionsreiche Bezeichnung nach neuesten historischen

Feste verstand man hier immer zu feiern, vor allem ein so heiteres wie eine Hochzeit. Zeichnung von Ignaz Roskovics.

Erkenntnissen mit der Weinstadt Szekszárd in Süddanubien teilen muss. Obwohl der Bikavér in Eger wohl schon seit einem halben Jahrtausend gekeltert wird, taucht der Name Stierblut nämlich erst 1851 in den Urkunden auf.

Damals war das Stierblut ein schwerer, dunkelroter und wie man sagte oft sogar „schwarzer Wein". Mittlerweile ist der Bikavér allerdings längst nicht mehr so finster wie einst, sondern eine durchaus charmante, oft geradezu gaumenschmeichelnde Cuvée aus Blaufränkisch, Cabernet Franc, Kadarka, Blauburgunder, Blauem Portugieser und Merlot. Man könnte also fast sagen: Wer einen Schluck Egri bikavér trinkt, hat den gesamten ungarischen Rotweinbau im Glas. Und dass mit dem Begriff Erlauer Stierblut früher – vor allem im Westen – meist süßliche Massenweine mit „Dosenöffner"-Qualität und Kopfwehgarantie verbunden waren, gehört gottlob der Vergangenheit an.

Ein Weinkeller im „Tal der schönen Frauen".

Mittlerweile haben die Weinbauern von Eger längst auch bewiesen, dass ihnen bei Rebsorten mit so romantischen Namen wie Királyleányka (Königstochter) oder Hárslevelű (Lindenblättriger) auch sehr elegante Weißweine gelingen können. Die meisten davon findet man übrigens in Egers bedeutendster Weinmeile, die etwas romantisierend „Tal der schönen Frauen" (Szépasszony-völgy) genannt wird.

Die dem Rhyolith-Tuffstein abgetrotzten Kellerröhren dieses weiblichen Tals bergen auch zahlreiche Keller und Gastwirtschaften, in denen die typischen Gerichte der Region kredenzt werden. Dazu zählt neben den zahlreichen Pilzgerichten aus den umliegenden Wäldern auch der berühmte „Erlauer Hirsch", dessen gedünstete Schnitzel in einer Heidelbeer-Bikavér-Sauce serviert werden.

Das Tal der schönen Frauen sollte man übrigens keinesfalls verlassen, ohne die süßen Erlauer Kugelpalatschinken mit Walnusscreme und Vanillesauce verkostet zu haben, zu denen auch ein Glas Egri Leányka obligatorisch ist. Übersetzung gefällig? – Der Wein heißt schlicht Erlauer Mädchen. Von Männern, die davon zuviel genascht haben und danach an den Pranger gestellt wurden, ist allerdings nichts bekannt.

Tokajer Genüsse

Wer sich in Ungarns Nordosten angesichts von fünftausend Hektar Weinanbaufläche ein magyarisches Bordeaux erwartet, der wird enttäuscht sein: Tokaj ist ein eher unscheinbares 6000-Seelen-Städtchen am Zusammenfluss von Bodrog und Theiß. Es liegt am Fuße des 515 Meter hohen Tokaj-Berges, einem erloschenen Vulkan von bemerkenswertem Format, über den der Dichter Petőfi 1847 schrieb, dass er „so allein steht, wie der Heeresführer vor seinem Heer mit seinem hohen Kopf, in seinem blauen Mantel, mit ernsthafter Würde".

Das Bild vom blauen Mantel ist keine romantische Über-

treibung. Denn der Tokaj-Berg ist im Herbst tatsächlich von unzähligen Astern übersät, die die Bergrücken in ein stahliges Blau tauchen. Abgesehen von den Astern blüht hier jedoch – und zwar schon seit dem 11. Jahrhundert – vor allem der Wein, der Tokaj auch Eingang in den Text der ungarischen Nationalhymne verschaffte, in welcher es heißt: „Du hast über die Weinreben von Tokaj einen Göttertrank geträufelt."
Im Mittelalter war der Tokajer freilich noch längst nicht so edel wie heute, und vor allem auch nicht so süß. Ihre betörende Rosinenfrucht erhielten die Tokajer Weine erst, als man im 17. und 18. Jahrhundert die Lese in den Spätherbst verlegte und die Trauben erst als durch Edelschimmel *(Botrytis cinera)* geschrumpfte Trockenbeeren von Hand verlas und danach in Butten in die Kelterhäuser einbrachte.
Die Zahl der Butten, die notwendig sind, um ein 135 Liter fassendes „Göncer Fass" zu füllen, ist bis heute maßgeblich für Qualität und Preis des Weins geblieben. Je mehr Butten verwendet werden, desto süßer und edler ist der Wein. Und eine fünfzehn Jahre gereifte *Tokaj aszúeszencia,* bei der sich aus einer Butte Trockenbeeren nur etwa ein Liter Essenz gewinnen lässt, ist schieres „süßes Gold". Es gibt allerdings auch das absolut süffige Gegenteil davon, nämlich den *Tokaj szamorodni,* einen trockenen, aber gleichwohl besonders charaktervollen Weißwein, dessen Namen aus dem Polnischen stammt und einfach „so wie es wächst" bedeutet.

Nach ihrer Metamorphose werden diese Trauben edler Tokajer sein.

Selbst zu kommunistischen Zeiten erzielte ein fünf- oder sechsbuttiger Tokajer recht beachtliche Preise. Seit jedoch in Ungarn wieder privatwirtschaftlich gedacht und produziert wird, ist in und um Tokaj ein wahrer Goldrausch ausgebrochen, der den Tokajer wieder zu dem machte, was er in Zeiten der Donaumonarchie schon einmal war: einer der teuersten Weine der Welt.
Die Küche des Tokajerlandes ist aufgrund der weitläufigen Jagdreviere vor allem eine Wildküche, und das berühmte, bereits im 17. Jahrhundert gegründete Tokajer-Weingut Disznókő trägt nicht von ungefähr einen Felsen im Wappen, dessen Form auffällig an ein Wildschwein erinnert. Dabei harmoniert der Tokajer gar nicht so gut mit Wildgerichten. Viel besser passt – vor allem zu den mehrbuttigen Vertretern dieser edlen Spezies – eine der zahlreichen Gänseleber-Spezialitäten, die als Begleitung für den Tokajer fast wie geschaffen scheinen. Und zwar gleichgültig, ob er dazu nur getrunken wird oder ob er sich sicherheitshalber auch gleich in der dazu servierten Sauce befindet ...

Balassagyarmat

SVEJK VENDÉGLŐ

2660 Balassagyarmat
Szabó Lőrinc út 16
Tel. 35/30 09 99
kein Ruhetag
Preise: moderat
Küche: böhmisch-ungarisch

Ein Versprechen für durstige Kehlen: Wirtshausschild in Tokaj.

Dass dem braven Soldat Schwejk aus Prag auch in Ungarn ein gastronomisches Denkmal gesetzt wurde, ist gar nicht so weit hergeholt. Sein Erfinder Jaroslav Hašek vagabundierte nämlich, nachdem er seine Banklehre abgebrochen hatte, als Gelegenheitsarbeiter durch Ungarn und kam dabei (wie später übrigens auch sein Held) nach Balassagyarmat. Wer József Sinágels nach dem hungarisierten Svejk benanntes Wirtshaus betritt, der weiß sofort, dass dieser sich hier, allein schon wegen der großen Bierauswahl, wohl gefühlt hätte. Dazu passt die sehr deftige, böhmisch inspirierte und auch von den nicht minder deftigen Gerichten der ortsansässigen Palotzenvolksgruppe – es handelt sich dabei um turkoslawischen Weinbauern aus dem nordungarischen Bergland – appetitanregend durchwachsene Speisekarte. Wer derlei mag, dem seien hier vor allem die Kuttelgerichte anempfohlen. Und nach dem Essen sei diesmal ausnahmsweise nicht zu Barack oder Zwack Unicum geraten, sondern zu Karlsbader Becherovka, den es hier selbstverständlich auch gibt.

In der Nähe: Die alte Palotzenmetropole unmittelbar an der slowakischen Grenze ist mit dem klassizistischen Komitatshaus, der barocken Kirche und der jüdischen Synagoge ein echtes Stück altösterreicherischer Vielvölkerkultur. Dem nicht nur ethnografisch bedeutsamen Palóc Múzeum (Palotzenmuseum) in der Palóc liget 1 ist auch Ungarns erstes Freilichtmuseum angeschlossen. Für Ausflüge und Verdauungsspaziergänge eignet sich die weitläufige Großlandschaft des Donau-Eipel (Ipoly)-Nationalparks mit dem ökologisch bedeutsamen Erlenmoos.

EGER

FEHÉRSZARVAS VADÁSZTANYA (Jagdhof Weißer Hirsch)

3300 Eger, Klapka ucta 8, Tel. 36/41 11 29, kein Ruhetag
Preise: obere Mittelklasse, Küche: klassisch ungarisch

Das „erste Haus am Platz“ zieht in Eger die Touristen schon von weitem durch sein schönes Wirtshausschild an, das den namensgebenden weißen Hirschen ins Zentrum rückt. Wie fast alle großen Traditionsgasthöfe Ungarns hat auch dieser während der Ära des Realsozialismus in Sachen Feinschmeckerei ziemlich gelitten, was auch nach der Privatisierung im Jahr 1995 noch ein wenig nachwirkte.

Zwar bemüht man sich redlich, dem waidmännischen Namen durch eine Vielzahl von Wildgerichten wie kaltem Wildaufschnitt mit Perlzwieberln, Wildschweinkotelett mit Waldpilzen oder Hirschkeule in Rotweinsauce mit Kartoffelkroketten und Dörrpflaumen gerecht zu werden, doch kommt man über die traditionelle „Wildwochen-Küche" der 1960er- und 1970er-Jahre kaum hinaus. Nichtsdestotrotz ist und bleibt dieser „Hirsch" ein nicht zuletzt dank der zahlreichen Jagdtrophäen und der gediegenen Einrichtung ein äußerst atmosphärischer Platz, um zu einer gutbürgerlichen Küche die besten Weine der egerschen Topkellereien wie Tibor Gál, Vilmos Thummerer oder István Tóth mehr oder minder ausgiebig zu verkosten.

Der Dom von Eger, das zu Ungarns schönsten Barockstädten zählt.

In der Nähe: Die zentrale Lage unweit des Doms der tausendjährigen Bischofsresidenz, die gleichzeitig auch zu Ungarns schönsten Barockstädten zählt, macht den „Weißen Hirschen" zu einem idealen Ausgangspunkt für einen romantischen Stadtbummel, vorbei an zahlreichen barocken Kirchen, Palästen und Wohnhäusern. Eines davon ist das vorbildlich revitalisierte **Senator Ház** (Senatorenhaus) am Dobó István Platz 11 (36/32 04 66), in dem sich heute auch ein empfehlenswertes Hotel und ein ausgezeichnetes Café-Restaurant befinden. Es wurde 1727, also bereits nach der Türkenherrschaft erbaut, an die heute noch das vierzig Meter hohe Minarett oder das türkische Bad des Pascha Arnut (neben dem Hotel Flora) erinnern.

Die berühmten Weine von Eger (zu denen mittlerweile keineswegs nur das klassische Erlauer Stierblut zählt) werden vor allem in den romantischen alten Erdkellern im „Tal der schönen Frauen" (Szépasszony-völgy) gelagert, in dem man auch zwei empfehlenswerte gastronomische Adressen antrifft: Im **Szépasszony-fogadó** (36/31 07 77) kann gleich in zwei Kellerröhren sowie auf einer schönen Terrasse gevöllert und gekostet werden. Und im schmucken Tulpengartenrestaurant **Talizmán-Tulipánkert vendéglő** (36/41 25 33) in der Szépasszony-völgy út 47 fühlen sich keineswegs nur die namensgebenden schönen Frauen des Tals, sondern auch deren Begleiter wohl.

PALOTZENSUPPE

Zutaten: *600 g ausgelöste Lammkeule oder -schulter 2 Zwiebeln, 1 EL Schweineschmalz, 1 EL edelsüßes Paprikapulver, 2 zerdrückte Knoblauchzehen 1 Prise Kümmel, 300 g grüne Bohnen, 300 g Kartoffeln 2 Lorbeerblätter, 1 EL Mehl, 180 g Sauerrahm, 1 Schuss Essig, 1 EL frisch gehackt Petersilie*

Zubereitung: Lammfleisch von Flachsen sowie überschüssigem Fett befreien und in mundgerechte Würfel schneiden. Zwiebeln fein hacken und in heißem Schmalz glasig anlaufen lassen. Fleisch hinzufügen, kurz anbraten. Paprikapulver, Salz, durchgepressten Knoblauch, Kümmel sowie so viel Wasser hinzufügen, dass das Fleisch gerade bedeckt ist. Bei schwacher Hitze etwa 1 1/2 Stunden bei mehrmaligem Umrühren zugedeckt garen. Inzwischen geputzte grüne Bohnen in 2 cm lange Stücke schneiden und in 500 ml Salzwasser bissfest garen. Kartoffeln schälen, würfeln und mit Lorbeerblättern ebenfalls in 500 ml Salzwasser bissfest kochen. Bohnen und Kartoffeln zum Fleisch geben und mit dem Kochwasser auffüllen. Je nach Bedarf mit Wasser oder Suppe aufgießen und alles zum Köcheln bringen. Mehl mit Rahm glatt versprudeln, in die Suppe einrühren und weitere 5 Minuten köcheln lassen. Suppe mit Essig abschmecken und mit gehackter Petersilie bestreut servieren.

IMOLA UDVARHÁZ

3300 Eger, Dózsa tér 4, Tel. 36/51 61 80, kein Ruhetag
Preise: ziemlich gehoben, Küche: klassisch ungarisch mit ein paar internationalen Akzenten

Unmittelbar im Kasemattenschatten der mittelalterlichen Burg von Eger befindet sich dieses zur gediegenen Imola-Hotelgruppe zählende moderne Langhaus, das nicht nur eine hinreißende Aussicht über die Stadt eröffnet, sondern in dem man auch sehr gepflegt wohnen kann. Das äußerst gepflegte Restaurant gibt sich lichter und moderner als die Küche, die mit Gänseleber in Tokajer, gefülltem Kraut, Entenbiegel auf Krautnudeln, gefüllter Schweinskarbonade oder Maronipudding mit Weichseln tief in der pannonischen Speisekammer verwurzelt ist. Dennoch werden viele Fehler, die anderswo auf der Tagesordnung stehen, hier nicht gemacht. Die Köche scheinen jedenfalls aufrichtig gewillt zu kochen und keineswegs nur aufzuwärmen. Da freut man sich über frische Kräuter, dort über professionell angesetzte Fonds und Grundsaucen, und die Dessertküche hat tatsächlich etwas ungemein Verführerisches an sich. Auch die Weinauswahl ist, vor allem in Sachen Eger, überzeugend.

Gleich daneben: Die gotische Dobó István Burg auf dem Burgberg in der Stadtmitte wurde nach dem Tartarensturm im 13. Jahrhundert gebaut und ist eine Besichtigung wert.

Gyöngyös

KÉKES ÉTTEREM

3200 Gyöngyös, Fő tér 7, Tel. 37/31 19 15, kein Ruhetag
Preise: Mitteklasse, Küche: klassisch ungarisch

Das hübsche alte Stadthaus am Hauptplatz macht mit seinem Erker und dem überdachten Schanigarten schon von außen einen sehr gepflegten Eindruck, der sich im Inneren zwischen viel Holz, Wein und Balustraden fortsetzt. Die Karte offeriert auch allerlei Internationales, doch man sollte zu dem greifen, wonach es auch duftet, nämlich nach gefülltem Kraut und anderen typisch ungarischen Gerichten. So findet man hier beispielsweise auch einen jener Plätze, die Hardcore-Schlemmer nicht zuletzt deshalb anziehen, weil Hähnchenhodenpörkölt auf der Karte steht. Dazu ein Gläschen Királyleányka (Königstochterrebe) zu trinken, wäre schon fast frivol. Also ziehe man doch besser einen anderen Wein aus dem Mátra-Gebirge vor, wovon es hier eine schöne Auswahl gibt.

In der Nähe: Das Franziskanerkloster der Stadt birgt eine sehenswerte Bibliothek. Den Besuch lohnen auch die barocke St. Bartholomäus- und die St. Urbankirche (1530). Im alten Orczy-Schloss wurde ein interessantes Heimatmuseum eingerichtet. Von der früheren jüdischen Gemeinde zeugt heute noch die alte Synagoge, in der mittlerweile eine städtische TV-Station untergebracht ist.

In der Molnár csárda (Bükk-Gebirge) ist die Wurst tatsächlich hausgemacht.

Hollókő

MUSKÁTLI VENDÉGLŐ

3176 Hollókő, Kossuth út 61, Tel. 32/37 92 62
kein Ruhetag, Preise: moderat, Küche: traditionelle bäuerliche Gerichte der Palotzen-Volksgruppe

Wahrhaft naturbelassen ist dieses bewohnte Palotzen-Museumsdorf mit Holzschindelkirchlein und Spinnstube bis heute geblieben, und spätestens, seit es zum Weltkulturerbe erklärt wurde, ist es auch eine weltweit bekannte Touristenattraktion. Das Muskátli-Wirtshaus ist davon leider nicht ganz unbeeinträchtigt geblieben, aber wer schon einmal hier ist und sich für authentische Gerichte dieser Volksgruppe wie Palotzensuppe, Palotzengulyás oder Palotzenbraten interessiert, der kommt, wenn er sich das ganze touristische Drumherum wegdenkt, schon auf seine – durchaus maßvolle – Rechnung.

In der Nähe: Das dörfliche Falumúzeum in der Kossuth út 82 ist eines von 67 denkmalgeschützten Gebäuden des dörflichen Ensembles und informiert über Bräuche und die farbenfrohen Trachten der Palotzen-Minderheit. Auch die im Jahr 2000 restaurierte alte Wojwodenburg Rabenstein (gegr. 1241) lohnt die Besichtigung.

Miskolc

ALABÁRDOS ÉTTEREM

3530 Miskolc-Kisavas, Első sor 15, Tel. 46/41 22 15 oder 30/958 75 21, nur abends geöffnet, Sonntag Ruhetag
Preise: Mittelklasse, Küche: ungarisch-international

An den Ausläufern des riesengroßen Weinbaugebiets Tokaj befindet sich der Avasi-Hügel am Rande der Stadt Miskolc, zu der sich dieser verhält wie Grinzing zu Wien (auch wenn Miskolc keineswegs Wien und der Avasi-Hügel daher auch nicht wirklich Grinzing ist). Hier reiht sich Weinkeller an Weinkeller, und auch etliche Buschenschänken laden zur Einkehr. Mitten in diesem Keller-

GEFÜLLTE PILZE MIT ERLAUER SAUCE

Zutaten: *20 möglichst gleich große Pilze*
Für die Fülle: *300 g Hühnerleber, 50 g Zwiebeln, Salz, Pfeffer Majoran, 1/2 Lorbeerblatt, Thymian, 50 g Butter, 1 dl Weinbrand 50 g Mehl, 1 dl Milch, 2 Eier*
Für die Panier: *80 g Mehl, 2 Eier, 200 g Semmelbrösel*
Für die Erlauer Sauce: *50 g Butter, 1 Bund Suppengrün 1 kg Schweineknochen, 1 größere Zwiebel, Salz, Pfeffer, 1 Knoblauchzehe, 1/2 Lorbeerblatt, Thymian, 1 EL Zucker, 50 g Tomatenmark 200 ml kräftiger Erlauer Rotwein*

Zubereitung: Zunächst die Fülle zubereiten: Fein gehackte Zwiebeln in Butter glasig anschwitzen, die in kleine Streifen geschnittene Leber hinzugeben und rundum kurz anbraten. Mit Salz, Pfeffer, Majoran, Thymian und Lorbeerblatt würzen sowie mit Mehl bestreuen, wenden und einige Minuten weiterrösten lassen. Mit Milch ablöschen und kurz aufkochen lassen. Weinbrand mit Eiern verquirlen und unter ständigem Rühren nochmals kurz aufkochen lassen. Topf vom Herd nehmen und Masse durch ein feines Sieb streichen. Abkühlen lassen und erneut abschmecken.
Inzwischen die Sauce zubereiten und dafür die gehackten Knochen sowie das klein geschnittene Suppengrün in Butter anbraten. Fein gehackte Zwiebel mit Zucker hinzufügen und ebenfalls mitbräunen. Tomatenmark und Gewürze hinzugeben, anschließend mit 1,5 l Wasser und dem Rotwein aufgießen. Das Ganze mindestens 1 1/2 Stunden auf kleiner Flamme kochen lassen. Inzwischen das Mehl ohne Fett gut bräunen. Aus der gekochten Suppe die Knochen nehmen, die Flüssigkeit mit dem braunen Mehl andicken. Sauce gut aufkochen und mitsamt dem Gemüse durch ein Sieb streichen. Vor der Weiterverwendung nochmals abschmecken.
Zur Fertigstellung die Pilze entstielen und säubern. Zwischen je zwei Pilzköpfe etwas Lebermasse geben und gut andrücken. Danach in Mehl, Ei und Semmelbrösel panieren, in Öl backen. Die heiße Soße und etwas Reis extra dazu reichen.

viertel befindet sich hinter einer romantischen Winzerhaus-Fassade jedoch auch ein atmosphärisches Abendlokal. Ist man erst einmal in die altehrwürdigen Gewölbe vorgedrungen, sollte man die ebenerdige Schankstube besser hinter sich lassen und lieber in den wie ein Burgrestaurant eingerichteten ersten Stock emporsteigen, wo man bei smarten Zigeunerweisen und Kerzenschimmer prächtig dekorierte Gerichte auf schönem Porzellan speisen kann und dennoch das angenehme Gefühl hat, in einer, wenn auch vielleicht etwas nobleren Csárda zu sitzen. Der Service ist freundlich-soigniert, die Küche eher den ungarischen Magnaten als den Kleinbauern, zum Teil aber leider manchmal auch der Convenience-Industrie verpflichtet. Dafür gibt's gute Weine, und man zahlt längst nicht soviel, wie man beim Eintreten in dieses Klein-Grinzing à la Miskolc befürchtet hat.
In der Nähe: Unmittelbar auf dem Avasi-Hügel sollte man der reformierten Kirche mit dem hölzernen Glockenturm einen Besuch abstatten, die als Wahrzeichen von Miskolc gilt. Doch auch das Zentrum der alten Handelsstadt ist reich an Sehenswürdigkeiten, zu denen etwa die Burg aus dem 13. Jahrhundert mit dem Burgmuseum, die griechisch-orthodoxe Kirche mit ihrer siebzehn Meter hohen Ikonostasis und die schöne Synagoge aus dem Jahr 1863 zählen. Westlich vom Stadtzentrum liegt der Vorort Diósgyőr, das vor allem durch eine imposante Burgruine aus dem 12. Jahrhundert

bekannt ist, die früher den ungarischen Königinnen als Landsitz diente. Neben dem Burgmuseum und Ungarns erstem Steintheater lohnt vor allem das Burgbad im malerischen Burgpark einen Abstecher, wo man sich in einem Grottenbecken mit Sauna entspannen kann. Südlich von Miskolc befindet sich im Vorort Tapolca allerdings noch ein viel größeres, in seiner Dimension europaweit einzigartiges, natürliches Höhlenbad, in dem das Thermalwasser mit einer Temperatur von 30 °C direkt aus den Felsen strömt.

MÁTYÁS ÉTTEREM IM HOTEL PALOTA

3517 Miskolc-Lillafüred, Erzsébet sétány 1
Tel. 46/33 14 11, kein Ruhetag
Preise: teuer, Küche: ungarisch-international mit kreativem Touch

Wer sich schon immer darüber geärgert hat, dass das schönste Hotel von Lillafüred, dem zauberischen Nobelkurort westlich von Miskolc, in seiner Geschichte zunächst ein Downgrading zum Militärhospital und dann zu einem Gewerkschaftsheim erfuhr, konnte vor einigen Jahren aufatmen. Da wurde das in den späten 1920er Jahren im neobarocken Zuckerbäckerstil errichtete Märchenschloss, das sich in einem der malerischsten Täler des Bükk-Gebirges am Ufer des romantisch gelegenen Hámor-Stausees befindet, völlig umgebaut und als Wellness-Hotel neu eröffnet. Seither gibt es dort auch das noble Mátyás-Restaurant, in dem man es versteht, gehobene Gastronomie „á l'hongroise" zu zelebrieren. Zur Inszenierung gehören livrierte Ober ebenso wie gediegene Livemusik sowie eine Magnatenküche, die nicht an Fasanen, Edelfischen, Wild und Gänseleber spart und es so zuzubereiten versteht, dass es wohl auch dem als Feinschmecker bekannten Namenspatron Matthias Corvinus geschmeckt hätte, der bekanntlich in Wien an vergifteten Feigen verstarb. Wir beugten dieser Gefahr vor, indem wir ganz einfach keine Feigen bestellten und uns stattdessen an einem fünfbuttigen Tokajer schadlos hielten.

In der Nähe: Die Hauptattraktion des mondänen Luftkurorts Lillafüred, den man von Miskolc aus am besten mit einer romantischen Schmalspurbahn von 33 Kilometer Länge erreicht, sind die im Bükk-Gebirge gelegene Szent István Höhle und die Anna-Höhle (auch Petőfi-Höhle), in

KACSA-PASTETE MIT SCHWARZEN TRÜFFELN

Zutaten: *2 Zwiebeln, 150 g Entenschmalz*
250 g Entenleber, 125 g Schweinefleisch, 125 g Kalbfleisch, 125 g Entenfleisch, 20 g Trüffelabschnitte
180 g Butter, 1 EL Pastetengewürz, 1 TL edelsüßes Paprikapulver, Salz, Pfeffer4 cl Weinbrand

Zubereitung: Fein gehackte Zwiebeln auf kleiner Flamme in Entenschmalz weich dünsten. Grob gehackte Leber hinzufügen, langsam garziehen und dann abkühlen lassen. Alles dreimal durch den Fleischwolf drehen oder fein cuttern. Schweine-, Kalb- und Entenfleisch in Salzwasser weich kochen, abkühlen lassen und ebenfalls dreimal durch den Fleischwolf drehen bzw. cuttern. Fleisch, Leber (mit dem Bratfett), Trüffelabschnitte und zimmerwarme Butter in eine Schüssel geben und (am besten mit einem Mixer) verrühren, bis eine kompakte, homogene Masse entsteht, die man notfalls mit etwas Rindsuppe geschmeidiger macht. Masse mit Pastetengewürz, Paprika, Salz, Pfeffer und Weinbrand abschmecken und in der Schüssel abkühlen lassen.
Mit gebähtem Weißbrot servieren.

denen man phantastische Tropfsteingebilde und sogar ganze, mit Kalksedimenten überzogene Bäume bewundern kann.

Tarcal

GRÓF DEGENFELD KASTÉLYSZÁLLÓ (Schlosshotel)

3915 Tarcal, Terézia kért 9
Tel. 47/58 04 00
kein Ruhetag
Preise: gehoben, Küche: ungarisch mit leichten und kreativen Akzenten
Info: www.degenfeld.hu

Das Gegend um Tokaj war, wiewohl schon immer ein Anziehungspunkt für Weinkenner aus aller Welt, in der Vergangenheit nicht unbedingt ein Wallfahrtsort für Gourmets. Seit der Eröffnung des Gróf Degenfeld Schlosshotels hat sich das jedoch auf erfreuliche Weise geändert. Endlich haben feinschmeckerisch veranlagte Weinkoster einen Ort, an dem sie sich im Tokajerland treffen und in Ruhe kosten und genießen können. Dies tun sie in einem mit siebzig Gedecken erfreulich überschaubaren, elegant und gleichermaßen behaglich eingerichteten Restaurant, das ohne Zweifel zu den besten Adressen im Tokajer Weinland zählt. Gastgeberin ist die Eigentümerin des Degenfeld-Guts, Marie Gräfin von Degenfeld, eine Nachfolgerin jenes Graf Imre von Degenfeld, der 1857 zu den Mitbegründern der Weinbauregion Tokaj-Hegyalja gehörte und dessen Gut heute noch zu den Spitzenproduzenten der Region zählt. Die Küche ist mit Gerichten wie Forellenröllchen mit Gartengemüsen, Gänseleber mit Weintrauben, Honignüssen und Kartoffelkuchen oder Tokajer Weintraubenstrudel durchaus als inspiriert und kreativ sowie für ungarische Verhältnisse als erfreulich leicht zu bezeichnen. An flüssigen Begleitern in allen Buttenstufen mangelt es, Ort und Anlass entsprechend, selbstverständlich nicht.

Ein Märchenschloss als nostalgisches Nobelhotel: das Palota in Lillafüred.

In der Nähe: Die historisch bedeutsame Ortschaft Tarcal hat unter anderem dadurch Geschichte geschrieben, dass König Koloman „der Bücherfreund" (1074–1116) hier sein zukunftsweisendes Gesetz „Über Hexen, die es in Wahrheit nicht gibt" proklamierte, das unzählige ungarische Frauen und Männer vor dem Feuertod rettete. Eine Gedenktafel an der reformierten Kirche erinnert auch an die Synode von Tarcal, bei der das reformierte Glaubensbekenntnis beschlossen wurde. Die aus dem Jahr 1615 stammende katholische Kirche gilt als einer der schönsten Sakralbauten der Region.

Tokaj

DEGENFELD ÉTTEREM

3910 Tokaj, Kossuth tér 1
Tel. 47/55 21 73
kein Ruhetag
Preise: Mittelklasse, Küche: gutbürgerlich ungarisch

Seit die Familie Degenfeld ihre alten Tokajer Besitzungen 1999 wieder zurück gekauft hat, geht es mit der Tokajer Gastronomie endlich wieder aufwärts. Im Jahr 2001 wurde am Hauptplatz der traditionsreichen Süßweinmetropole im völlig renovierten ehemaligen Degenfeld-Palais ein Weinhandelszentrum errichtet, zu dem neben Seminar- und Büroräumen auch eine Gebietsvinothek mit Verkostungskeller, eine Hotelpension und vor allem ein sehr empfehlenswertes gutbürgerlich-elegantes Restaurant zählen. Wer in Tokaj Tokajer trinken und dazu ordentlich essen möchte, der sollte es hier tun.

Zauberische Landschaft mit üppigen Rieden: Tokaj, das erst vor einigen Jahren aus seinem Dornröschenschlaf wachgeküsst wurde.

Auf der Speisekarte stehen durchweg klassisch-leckere Köstlichkeiten wie Wildsuppe mit Fasanennockerln, mit Auberginen und Ziegenkäse gefüllte Pilze, mit getrockneten Marillen gefüllte Hühnerbrust auf Zitronensauce oder Tokajer Traubenstrudel. Die Weißweine stammen vorzugsweise vom Familiengut der Degenfelds, die Roten werden auch aus Eger und Villány „importiert".

In der Nähe: Im 700 Jahre alten Rákóczi-Weinkeller am Kossuth tér 15 kann man nach Voranmeldung an einer Weinprobe teilnehmen. Im aus dem Jahr 1700 stammenden Rákóczi-Dessewffy-Schloss, dem wohl schönsten Gebäude Tokajs, sind heute eine Schule und das örtliche Gericht untergebracht. Das Tokaj-Museum in der Bethlen Gábor utca 5 birgt nicht nur weinkundliche, sondern auch kirchengeschichtliche Sammlungen. Da Tokaj an der Mündung des Bodrog in die Theiß liegt, ist die Gegend auch ein Paradies für Angler und Auwanderer, die auf einer Halbinsel zwischen den beiden Flüssen auch Reste der alten Tokajer Burg finden. Für Ver-

Das süße Gold von Tokaj wird in unterschiedlichen Qualitäten hergestellt. Die Anzahl der Butten, die verwendet werden, um ein „Göncer Fass“ zu füllen, bestimmt Süße und letztlich auch Preis des Tokajers. Es gilt: je mehr Butten, desto süßer, edler und teurer.

dauungsspaziergänge empfiehlt sich die wunderschöne Széchenyi-Promenade an der Theiß.

Tolcsva

ÕS KAJÁN ÉTTEREM (Zum Alten Spötter)

3934 Tolcsva, Kossuth utca 16, Tel. 47/38 41 95
Preise: Mittelklasse
Küche: franko-ungarisch

„Was passt noch besser zusammen als Sauternes und Gänseleber?", fragten sich die beiden sympathischen Wirtsleute Anne Roy and Pascal Leeman schon vor etlichen Jahren. Da die Antwort für sie schlicht und einfach „Tokajer und Gänseleber" lautete, machten die beiden Franzosen kurzerhand ein Restaurant in der Region Tokaj auf – und obendrein gleich eines der besten. Hervorragend passen etwa die Fasanenkeulen „façon des collines" mit Safran-Weinsauce oder die Gänseleber in Honig zu den mehr oder minder süßen Weinen der Region. Für weniger abenteuerlustige Gaumen gibt es auch traditionelle Gerichte wie gefüllten Hecht oder Waller vom Grill. Das kulinarische Anwesen verbirgt sich übrigens hinter einer recht unscheinbaren Fassade, dafür ist der Inhalt umso erfreulicher.

In der Nähe: Neben etlichen schönen, zum Teil sogar mehrstöckigen Stollenkellern findet man in Tolcsva auch eine schöne Kirche aus dem 15. Jahrhundert und ein Jagdschloss der Rákóczis.

GÄNSELEBER IN TOKAJERSAUCE

Zutaten: *500 g Gänseleber (nicht zu fett)*
1 großer Apfel oder 2 kleine Äpfel mit relativ viel Säure
1 EL Butter, Mehl zum Bestäuben, 125 ml Tokajer (dreibuttig), 1 Schuss Tokaj Szamorodni
6 cl Hühnersuppe, Salz, Pfeffer aus der Mühle

Zubereitung: Gänseleber in 1,5 cm dicke Scheiben schneiden und rundum bemehlen. Butter zart anschmelzen, Gänseleber darin beidseitig kurz Farbe nehmen lassen, herausheben und in einer geeigneten Kasserolle für etwa 8–10 Minuten ins auf 190 °C vorgeheizte Backrohr stellen. Im Bratrückstand die in Scheiben geschnittenen Äpfel andünsten, mit Tokaj Szamorodni und Hühnersuppe aufgießen und die Sauce auf relativ hoher Hitze sämig einkochen lassen. Die Gänseleber aus dem Rohr nehmen, noch einmal in die Pfanne geben, mit Sauce überziehen, salzen, pfeffern und sofort – am besten mit Schwarzbrottoasts oder mit Kartoffel-Mandelkroketten – servieren.

DIE WEINE DES NORDUNGARISCHEN BERGLANDS

Seit dem Mittelalter wird im Weinbaugebiet Eger – im Bild Noszvaj – das berühmte Erlauer Stierblut, eine Sorten-Cuvée, erzeugt.

Das **Weinbaugebiet Mátraalja** ist einerseits für die guten Rotweine an den vulkanischen Südhängen des Mátra-Gebirges bekannt, produziert aber auch würzig-vollmundige Weißweine aus Mädchentraube, Muskat-Ottonel (er gilt als der beste Ungarns), Lindenblättrigem und Traminer. Bemerkenswerte Produzenten sind u. a. Gábor Karner in Veresegyház, das Németh Borház sowie das berühmte Weingut Szőke Mátyás in Göngyöstarján.

Eine der populärsten ungarischen Weinregionen ist ohne Zweifel das **Weinbaugebiet Eger,** das schon seit dem Mittelalter mit der Sorten-Cuvée des berühmten Erlauer Stierbluts Weingeschichte geschrieben hat. Auch heute noch sind es in der Weinregion an den Abhängen des Bükk-Gebirges vor allem holzfassgelagerte Rotweine mit weichen Tanninen und hohen Extrakten, die dieses Gebiet auszeichnen. Es werden jedoch, ungefähr zu gleichen Teilen, auch Weißweine aus autochthonen und modernen Sorten gekeltert. Herausragende Produzenten sind u. a. Tibor Gál, die beiden Weingüter Ferenc Tóth und István Tóth sowie Béla Vincze in Eger und Vilmos Thummerer in Noszvaj.

Ebenfalls auf den Abhängen des Bükk-Gebirges schließt sich nach Osten hin das **Weinbaugebiet Bükkalja** mit den Hauptrebsorten Welschriesling (Olaszrizling), Mädchentraube (Leányka), Cserszegi Fűszeres und Blaufränkisch (Kékfrankos) an. Bemerkenswert sind hier vor allem die in Ryolith-Tuffgestein geschlagenen Kellersysteme, in denen besonders die Weißweine zu unverwechselbaren, wenngleich in letzter Zeit etwas aus der Mode gekommenen Kreszenzen gedeihen. In dieser Gegend werden heute vor allem auch Sektgrundweine produziert. Einer der bekanntesten Winzer der Region ist László Prókai in Bogács.

Wem die „Krone des ungarischen Weinbaus“gebührt, ist nicht nur in Ungarn, sondern weltweit unbestritten: nämlich dem „flüssigen Gold“ der **Weinbauregion Tokaj-Hegyalja,** deren beste Lagen und Güter mittlerweile sogar auf den Börsen notieren. Seit Mitte des 16. Jahrhunderts ist das Gebiet durch die Herstellung der so genannten Aszú(=Ausbruch-)weine weltberühmt. Die wichtigsten Rebsorten sind Furmint und Lindenblättriger (Hárslevelű), aber auch Gelber Muskateller und die autochthone Rebsorte Oremus. Bedeutende Produzenten gibt es mehr als genug, darunter u. a. Château Dereszla in Bodrogkeresztúr, Gróf Degenfeld in Tarcal, die Gundelkellerei und die Szepsy István Kellerei in Mád sowie die Disznókő-Weinkellerei in Tokaj selbst.

KLEINES UNGARISCHES KÜCHEN- UND SPEISELEXIKON

Alma – *Apfel*
Angolna – *Aal*
Árúház – *Supermarkt*
Bab – *Bohne*
Bableves – *Bohnensuppe*
Barack – *Marille, Aprikose*
Bécsi szelet – *Wiener Schnitzel*
Bélszín – *Lendenbraten*
Bogyó – *Beere*
Borjú – *Kalb*
Borjúhús – *Kalbfleisch*
Borozó – *Weinstube*
Bors – *Pfeffer*
Borsó – *Erbse*
Burgonya (auch: krumpli) – *Kartoffel*
Csipetke – *Zupfnockerln aus Mehl, Ei und Salz*
Csirke – *Hühnchen*
Csuka – *Hecht*
Cukor – *Zucker*
Cukrászda – *Konditorei*
Desszert – *Nachtisch*
Dió – *Nuss*
Dobos szelet – *Dobosschnitte*
Dödölle – *Kartoffelnockerln mit Schafstopfen/quark*
drága – *teuer*
Ebéd – *Mittagessen*
Előétel – *Vorspeise*
Enni – *Essen*
Eper – *Erdbeere*
étkezni – *speisen*
Étlap – *Speisekarte*
Étterem – *Restaurant*
Fácán – *Fasan*
Fagylalt – *Eis*
Felvágott – *Aufschnitt, kalte Platte*
Fogas – *Zander*
Fokhagyma – *Knoblauch*
Főzelék – *Gemüse*
Frissensültek – *Pfannengerichte*
Fürj – *Wachtel*
Galamb – *Taube*
Galuska – *Nockerln*
Gesztenyekrémleves – *Maronicremesuppe*
Gomba – *Pilz*
Gombafejek rántva – *Gebackene Pilzköpfe*
Gulyásleves – *Gulaschsuppe*
Gyümölcs – *Früchte, Obst*
Hagyma – *Zwiebel*
Hagymás rostélyos – *Zwiebelrostbraten*
Hal, Halak – *Fisch, Fische*
Halászlé – *Fischsuppe*
Harcsa – *Wels, Waller*
Hasábburgonya – *Bratkartoffel*
Házi kolbász – *hausgemachte Wurst*
Hortobágyi palacsinta – *Palatschinken mit Fleischfüllung*
Hús – *Fleisch*
Húsételek – *Fleischgerichte*
Húsleves – *Fleischsuppe*
inni – *trinken*
Íz – *Geschmack*
Kacsa – *Ente*
Kalács – *Kolatsche*
Kávézó – *Kaffeehaus*
Kenyér – *Brot*
Kés – *Messer*
kiváló – *ausgezeichnet*
Kolbász – *Wurst*
Köretek – *Beilagen*
Korhelyleves – *Säufersuppe aus Sauerkraut,*

Paprika und Räucherwurst
Körte – *Birne*
Kukorica – *Mais*
Lágytojás – *Weiches Ei*
Lecsó – *Letscho*
Leveles vajas tészta – *Blätterteig*
Leves – *Suppe*
Libamáj pástétom – *Gänseleberpastete*
Libasült – *Gänsebraten*
Máj – *Leber*
Mákos metélt – *Mohnnudeln*
Malackocsonya – *Spanferkelsulz*
Marha – *Rind*
Marhapörkölt – *Rindergulasch*
Méz – *Honig*
Nem dohányzó – *Nichtraucher*
Nyúl – *Hase*
Nyúlgerinc – *Hasenrücken*
Őszibarack – *Pfirsich*
Őzgerinc – *Rehrücken*
Palacsinta Gundel módra – *Gundel-Palatschinken*
Palócleves – *Palotzensuppe*
(aus Hammelfleisch, grünen Bohnen und Kartoffeln)
paprikás csirke – *Paprikahuhn*
Paradicsom – *Tomate, Paradeiser*
Pincér – *Kellner*
Pisztráng – *Forelle*
Ponty – *Karpfen*
Pulykamell – *Putenbrust*
Rablóhús nyárson – *Räuberspieß*
Rácponty – *Raizenkarpfen, Karpfen serbisch*
Rántott – *Gebackenes, Paniertes*
Rántott – *Karfiol, Blumenkohl*
Reggeli – *Frühstück*
Rétes – *Strudel*
Rizs – *Reis*
Rostélyos – *Rostbraten*
Sajt – *Käse*
Saláták – *Salate*
Sárgarépa – *Karotte, Möhre*
Sertéspörkölt – *Schweinsgulasch*
Só – *Salz*
Sonka – *Schinken*
Söröző – *Bierstube*
Spenót – *Spinat*
Sült – *Braten*
Sült libamáj – *Gebratene Gänseleber*
Sütemény – *Gebäck, Kuchen*
Szárnyas – *Geflügel*
Szarvas pecsenye – *Hirschbraten*
Szilva – *Zwetschke, Pflaume*
Tányér – *Teller*
Tarhonya – *Eiergraupen, Reibgerstel*
Tejszinhab – *Schlagobers*
Tészta – *Nudel*
Tojás – *Ei*
Tök – *Kürbis*
Tökfőzelék – *Kürbisgemüse*
Töltött káposzta – *Gefülltes bzw. gelegtes Kraut*
Töltött libanyak – *Gefüllter Gänsehals*
Töltött paprika – *Gefüllte Paprikaschoten*
Torta – *Torte*
Túró – *Topfen, Quark*
Uborka – *Gurke*
Újházy tyúkhúsleves – *kräftige Hühnersuppe nach Újházy-Art*
Vacsora – *Abendessen*
Vadak – *Wildgerichte*
Vaddisznó – *Wildschwein*
Vadkacsa – *Wildente*
Vaj – *Butter*
Vendeglő – *Gasthaus*
Virsli – *Würstel*
Víz – *Wasser*
Vöröskáposzta – *Rotkraut, Blaukraut*
Zsemlegombóc – *Semmelknödel*

KLEINES UNGARISCHES WEIN- UND GETRÄNKELEXIKON

Alkoholtartalom – *Alkoholgehalt*
Ásványvíz – *Mineralwasser*
Asztali bor – *Tafelwein*
Aszú – *Ausbruchwein*
Bor – *Wein*
Borbarát – *Weinfreund*
Borgazdaság – *Weingut*
Borkő – *Weinstein*
Borkóstoló – *Weinprobe*
Boroshordó – *Weinfass*
Borpince – *Weinkeller*
Borszőlő – *Weintraube*
Borvidék – *Weinregion*
Cimke – *Flaschenetikett*
Cirfandli – *Zierfandler*
Csemegebor – *Dessertwein, Süßwein*
Cukortartalom – *Zuckergehalt*
Dugó – *Kork, Stoppel*
Dugóhúzó – *Korkenzieher*
édes – *süß*
enyhe – *mild*
érkezés – *reif*
erőteljes – *kraftvoll*
Évjárat – *Jahrgang*
Ezerjó – *Tausendgut, autochthone weiße Rebsorte, frisch, leicht, süffig*
Fehérbor – *Weißwein*
félédes – *halbsüß*
félszáraz – *halbtrocken*
fiatal – *jung*
fröccs – *G'spritzer (Wein)*
Furmint – *typische Tokajer-Rebsorte*
fűszeres – *würzig*
Gyümölcslé – *Fruchtsaft*
Hárslevelű – *Lindenblättriger; autochthone weiße Rebsorte, leicht, würzig, fruchtig und mit eleganter Säure*
Hordó – *Fass*
Illat – *Aroma, Duft*
Irsai Olivér – *autochthone weiße Rebsorte mit muskatigem Bukett und wenig Säure*
Itallap – *Getränkekarte*
Italok – *Getränke*
Jelleg – *Charakter*
Juhfark – *Lämmerschwanz, autochthone weiße Rebsorte, vor allem in Somló anzutreffen, charaktervoll, herb*
Kadarka – *autochthone rote Rebsorte, hell, tanninarm, aber von kraftvoller Säure, vor allem in Szekszárd frequent*
Kékfrankos – *Blaufränkisch*
Kéknyelű – *Blaustängler, autochthone weiße Rebsorte aus Badacsony am Plattensee, duftig, lebhaft, elegant und oft recht alkoholstark*
Kékoportó – *Blauer Portugieser*
Királyleányka – *Königstochter, autochthone weiße Rebsorte, säurestark, aber leicht parfümiert*
Különleges minőségű bor – *ein exzellenter Wein*
Leányka – *Mädchentraube, autochthone weiße Rebsorte, ursprünglich aus Siebenbürgen, heute vor allem in Eger frequent, fein, zartsäurig und länger lagerfähig*
Mennyiségi bor – *Massenwein*
Minőségi bor – *Qualitätswein*
Muskátoly – *Muskateller*
Óbor – *Altwein*
Olaszrizling – *Welschriesling*
Palackozott bor – *Bouteillenwein*
Pálinka – *Schnaps*
Pezsgő – *Sekt, Schaumwein*
Pince – *Keller*
Pincegazdaság – *Weinkellerei*
Pohár – *Glas*
Rajnai Rizling – *Rheinriesling*

Sav – *Säure*
savanyú – *sauer*
Savtartalom – *Säuregehalt*
Szódavíz – *Sodawasser*
Sör – *Bier*
száraz – *trocken*
Szín – *Farbe*
Szőlőhegy – *Weinberg*
Szőlőszem – *Beere*
Szövetkezet – *Genossenschaft*
Szürkebarát – *Grauburgunder, Ruländer*

Tej – *Milch*
Termelőszövetkezet – *Produktionsgenossenschaft*
Testes – *körperreich*
Tiszta – *klar, sauber*
Törköly – *Trester*
Tramini – *Traminer*
Tüzes – *feurig*
Újbor – *Jungwein*
Üveg – *Flasche*
Vörösbor – *Rotwein*
Zöld veltelini – *Grüner Veltliner*

EINIGE NÜTZLICHE BEGRIFFE UND REDEWENDUNGEN

Bitte – kérem
Danke – köszönöm
Entschuldigung – bocsánat
Guten Tag – jó napot
Guten Appetit – jó étvágyat
Prost, zum Wohl – egészségére
Ich verstehe nicht – Nem értem
Ist es in der Nähe? – Közel van?
Wie spät ist es? – Hány óra?
ja – igen
nein - nem
links – balra
rechts – jobbra
Was kostet? – Mibe kerül?
Herrentoilette – férfiak
Damentoilette – nők

Wie hat es geschmeckt? – Ízlett?
Es hat ausgezeichnet geschmeckt. – Az étel kitűnő volt.
Zahlen bitte – Fizetek, kérem
Getrennte Rechnungen bitte – Külön számlát kérünk
Eine Gabel bitte – Kérem hozzon nekünk villát
Einen Löffel bitte – Kérem hozzon nekünk kanalat
Ein Messer bitte – Kérem hozzon nekünk kést

AUSSPRACHEREGELN

a = Zwischenlaut zwischen a und o
á = langes a wie in Tat
é = *langes e wie in See*
í = *langes i wie in Knie*
ú = *langes u wie in Ruf*

BILDNACHWEIS

János Kalmár: 20, 23, 25, 32, 36, 46, 51 unten, 54, 70 unten, 72, 80, 84, 92, 93, 97, 98, 101, 102, 104, 105, 107, 109, 119 unten, 120, 121, 122, 125 oben, 135, 144 oben, 149, 150, 151, 154, 158

AGENTUR REGINA MARIA ANZENBERGER:
Agostino Pacciani: 146, 160
Toni Anzenberger: Schriftunterlegungen, 124
Manfred Horvath: Coverfotos, 6, 19, 29 rechts unten, 56, 62, 87 oben, 159
Herbert Lehmann: 57, 65, 74
Jan Sagl: 24
Rainer Riedler: 44
Robert Haidinger: 76
Hans Wiesenhofer: 123

IMAGNO/Austrian Archives: 13, 14, 15, 26 oben
IMAGNO/Gerhard Trumler: 68, 69, 73, 91, 162
IMAGNO/Alliance for Nature/C. Schuhböck: 28, 96, 138
IMAGNO/Ullstein: 26 unten, 27, 29 oben, 40, 51 oben, 52, 58, 70 oben, 87 unten, 115, 119 oben, 140, 142, 152

CONTRAST/Transglobe/Frank Chmura: 29 links unten
CONTRAST/Transglobe/Kester J. Eddy: 75
CONTRAST/Explorer/Mark Smith: 79

GUSTO-ARCHIV:
Eisenhut&Mayer: 17
Stefan Liewehr: 31, 39, 89, 127, 157
Trizeps: 83
Das Foto: 95, 103
Peter Barci: 137

Klaus Egle: 34, 45, 110, 112, 113, 125 unten, 128, 129, 132, 133, 134, 144 unten, 161

PIX-Orac: 61

Willfried Gredler-Oxenbauer: 116

Dr. Ingrid Hänsel: 8, 10

Bruno Wegscheider: Lebensmittelfotos

Die Illustrationen wurden den Ungarn-Bänden des „Kronprinzenwerks" *Die österreichisch-ungarische Monarchie in Wort und Bild* entnommen.

Die **Seele** **baumeln** lassen

Von Perchtoldsdorf bis Bad Fischau laden warme Wässer, hervorragende Weine und eine herrliche Landschaft den Gast zum Besuch. Attraktives Altstadtflair, der Zauber der Biedermeierzeit und die sanfte Landschaft verführen zu erholsamen Wanderungen. Entdecken Sie die schönsten Plätze und stillsten Winkeln, besuchen Sie die Winzer und ihre traditionsreichen Feste, genießen Sie die Vielfalt der Landschaft und die Welt der wunderbaren Thermalbäder.

Friedrich Arnold · János Kalmár

ZAUBER DER THERMENREGION

Wasser · Wandern · Wein

168 Seiten, Hardcover mit Schutzumschlag,
durchgehend farbig
€ 24,90 · ISBN 3-85431-322-5

P. Pichler Verlag
www.styriapichler.at

Sinnenfrohe **Entdeckungen**

Eine sinnenfrohe Genussreise durch das Steirische Weinland: Wer keltert die feinsten Tropfen? Wo isst man am besten? Wo sind die schönsten Plätze zum Wohnen? Klaus Egle verführt den Leser zum Hinfahren und Erleben, zum Nachkosten und Genießen. Mit übersichtlichen Straßenkarten und vielen praktischen Tipps: von besonders kinderfreundlichen Adressen über Veranstaltungen bis hin zu Hinweisen auf wichtige Sehenswürdigkeiten und kulturelle Highlights.

Klaus Egle

STEIRISCHES WEINLAND

Entdecken · Erleben · Genießen

160 Seiten, Hardcover mit Schutzumschlag,
durchgehend farbig
€ 24,90 · ISBN 3-222-13131-7

:STYRIA
www.styriapichler.at